마태복음 뒷조사

마태복음 뒷조사

김영화 지음

Holy WavePlus

차례

발행인의 글 7

작가 서문 11

프롤로그 17

chapter1. 복음서의 순서에 관하여 25

chapter2. 마태복음의 저자 39

chapter3. 마태복음의 저작 연대 및 구조 59

chapter4. 마태복음의 독자 77

chapter5. 마태복음의 계보 95

chapter6. 약속의 성취 117

chapter7. 초기 교회의 지침서 145

chapter8. 산상수훈 165

chapter9. 마태복음의 종말론 191

chapter10. 지혜로운 자들 223

발행인의 글

김민석 작가의 『마가복음 뒷조사』가 출간과 함께 큰 반향을 얻고 있는 것에 힘입어, 김영화 작가의 『마태복음 뒷조사』를 후속작으로 내놓는다. 『마가복음 뒷조사』를 내놓으면서 마음 한편에 일말의 걱정이 있었던 것이 사실이다. 어쩌면 국내에서 최초의 시도라고 할 수 있는, 신학적인 주제를 담고 있는 본격 카툰 서적이 독자들에게 얼만큼의 호소력이 있을까 하는, 기대 반 염려 반 심정이 솔직한 마음이었다. 그러나 예상했던 것보다 훨씬 더 뜨거운 독자들의 반응을 보면서, 굵직한 신학적 주제들을 모든 세대의 사람들이 쉽고 재밌게 접할 수 있는 책을 만들자는 애초의 취지가 헛된 꿈이 아니었구나 하는 것을 새삼 확인하게 되었다. 『마가복음 뒷조사』를 읽은 독자들 중에는 어린 초등학생들을 포함하여 고학력층의 일반 신자들과 목회자들이 총망라되어 있다. 어린이들의 반응은 재밌다는 것이었고, 일반 신자들의 반응은 감동적이었다고 했고, 목회자나 신학도들의 반응은 신학서적을 카툰 형식으로 만들어냈다는 것에 대해 충격적이라고 했다. 심지어 이 책을 읽은 비기독교인들조차 성경이 무엇을 말하려고 하는지를 (대강이나마) 이해할 수 있을 것 같다는 반응을 보여주셨다.

전작인 『마가복음 뒷조사』는 기독교 신앙에 대해 회의적인 입장을 가진 사판 검사를 등장시켜 마가복음의 스토리라인과 신학적 주제를 탐사하는 형식으로 역사적 예수와 그의 가르침의 참뜻을 밝히는 작업을 펼쳤다. 그에 반해 이 책 『마태복음 뒷조사』는 기독교 신앙에 대해 근본주의적 성향을 지닌 스튜어트 변호사의 눈을 통해 현대의 다양한 성서-역사 비평 방법과 신약학의 최신 성과물들을 활용하여 마태복음이 지닌 신학적 의미와 중요성을 한층 더 깊이 드러냄으로써 역사적 예수와 그의 가르침의 참 의미를 보여주고 있다. 이를 위해 작가는 스스로 많은 신학서적을 독파하고 그 내용을 숙지했을 뿐 아니라, 이를 독자들이 흥미진진하게 받아들일 수 있는 스토리라인과 통합하기 위해 각고의 노력을 기울였다.

기실 국내에 웹툰 혹은 카툰 형식으로 기독교 서적을 만들어낼 수 있는 작가의 수는 모두 합해서 다섯 손가락 안에 든다고 한다. 여기에 최신의 신학적 연구 결과물을 가미하여 그림을 통해서 그 메시지를 풀어낼 수 있는 작가는 두세 명을 꼽기도 쉽지 않은 형국이다. 현대 문화와 대화하고 소통하는 방식으로 기독교 변증 작업을 수행하는 일에 한국 개신교가 얼마나 무심하고 무력한지를 잘 보여주는 대목이 아닐 수 없다. 또 한편으로 그런 척박한 환경에서 『마가복음 뒷조사』와 『마태복음 뒷조사』 같은 책이 나왔다는 것이 얼마나 신기

하고 기특한 일인지 깨닫게 된다. 앞으로 우리가 보다 많은 세대의 사람들에게, 특히 소위 다음 세대라 일컬어지는 젊은이들과 청소년들에게 성서와 기독교 복음의 메시지를 더욱 효과적으로 전달하기 위해서는, 바로 이런 분야의 인재들을 발굴하고 양성하는 일에 힘을 기울여야 함을 지적하지 않을 수 없다. 이런 감각과 재능을 갖춘 젊은 미술학도들과 신학자들, 그리고 문학 작가 지망생들이 함께 머리를 맞대고 연구와 의논을 거듭할 때, 다양한 문화적 장르를 통해서 기독교적 가치와 내용을 담아내는 복음 전도의 도구들이 만들어지지 않을까 한다.

『마태복음 뒷조사』를 그리고 쓴 김영화 작가의 수고에 다시 한 번 깊은 감사를 드리며, 이 책이 보다 많은 그리스도인들에게 읽히고 사랑받아 임마누엘로 이 땅에 오신 하나님의 아들의 복음이 그분의 백성들 사이에서 더 충만한 영향력을 발휘하길 소망한다.

2016. 8. 김요한 목사

작가 서문

내게 신앙생활은 결코 어려운 일이 아니었다. 모태신앙이라는 이름으로 어릴 적부터 교회를 다니며 친구들과 교제하고, 기도하고, 찬양을 부르면 그만인 것이 내 신앙생활의 전부였기 때문이다. 마치 이 만화의 주인공 스튜어트처럼.

그런 나에게 '신학'이라는 것은 일종의 '불편함'이었다. 역사적 예수나 복음서가 말하고 있는 당시의 시대적·문화적 배경 따위는 몰라도 신앙생활하는 데 전혀 상관없었을 것을, 만화를 준비하면서 부득이 어렵고 두꺼운 신학책들을 억지로 읽을 수밖에 없었다. 물론 그 과정에서 너무 힘들고 어려워 포기하고 싶다는 생각이 수도 없이 머릿속에 맴돌았지만 그때마다 김민석 작가가 많이 도와줘서 결국 무사히 끝낼 수 있었다.

마치 한차례 폭풍이 지나간 듯한 기분으로 마지막 회 분의 만화를 끝냈을 때, 내 마음속에 한 가지 질문이 피어 올랐다. "왜 교회에서는 이런 것들을 가르치지 않지?" 하지만 그것은 곧바로 나 자신을 향한 질문으로 바뀌었다. "왜 나는 지금까지 이런 것들을 궁금해하지 않았지?" 교회만을 탓할 수는 없는 일이었다. 그동안 내가 눈여겨보지 않았을 뿐, 도처에 성경을 풍부하게 이해할 수 있는 다양한 서적들과 신학적 자료들은 널려 있었다. 그것을 나 스스로 찾고, 구하여 이해하려고 할 때, 비로소 역사적으로 더욱 풍부하고 입체적인 예수님을 바라볼 수 있었다. 『마태복음 뒷조사』의 주인공 스튜어트의 굴욕과 수치는 (만화를 그리면서) 고스란히 내 자신이 느낀 감정이라고 말하고 싶다. 그리고 그의 마지막 말처럼 어렵지 않았던 내 신앙생활을 조금은 불편하게 만들고 싶다.

먼저 가장 감사한 것은 만화를 마칠 때까지 끝까지 격려를 아끼지 않으셨던 나의 부모님이다. 그리고 부족한 만화를 끝까지 봐주신 독자분들께도 감사를 전한다. 또 이 만화를 직접 교정 봐주시고 출간해주신 새물결플러스의 김요한 대표님께도 무한 감사드리며, 편집과 디자인, 마케팅에 힘써주신 새물결플러스의 모든 직원분들께도 감사드린다. 연재 중 신학적으로 많은 도움을 주셨던 임주형 목사님께도 감사드리며, 마지막으로 이 시리즈를 함께 진행하면서 여러 도움을 준 김민석 작가와 옆에서 함께 응원해주었던 조요셉 작가에게도 감사드린다.

나의 가벼운 신앙이나 스튜어트의 관념적인 믿음에 공감하며 동병상련의 심정으로 고개를 끄덕일 이 시대의 크리스천들에게 이 책을 바친다.

2016. 8. 김영화

주요 등장인물

스튜어트 변호사

소위 믿음 좋은 크리스천인 스튜어트는 지금껏 살면서 단 한 번도 성경에 대한 의심을 품어본 적이 없다. 그러던 어느 날 사판 검사라는 작자가 복음서를 허위 사실 유포 및 대중 선동죄로 고발한다는 소식을 듣고 심히 분개하여 자진해서 그 재판의 변호를 맡게 된다. 물론 복음서의 복 자도 모르는 그는 어디서부터 변론을 준비해야 할지 앞이 깜깜하다. 그러나 다행히도 특이한 스승을 한 명 만나게 된다.

콩

귀여운 외모 뒤에 상당한 신학적 지식을 보유하고 있는 실력파 강아지. 성서동물재단에서 그를 추종하는 제자의 수만 무려 3000명에 달하는 그는, 예수님 앞에서 개들도 주인의 상에서 떨어지는 부스러기를 먹는다고 하소연했던 가나안 여인댁 강아지의 후손이다. 복음서를 증명한다는 스튜어트 변호사의 소식을 듣고서 간단한 조언 몇 마디를 해주기 위해 스튜어트의 사무실에 찾아간다.

마태

가버나움 부근 세관에 앉아 있을 때 예수님의 부르심을 받고 12제자 중 한 명이 된다. 그가 직접 예수님을 따라다니며 기록한 가르침 모음집은 후에 다른 복음서들의 중요한 자료가 된 것으로 추정된다.

오리 아줌마

콩의 제자훈련 제1관문 보조교사. 연차도 없이 주야장천 지하에서 동물들을 교육하느라 정신이 약간 나가 있지만 가르치는 열정만큼은 누구에게도 뒤지지 않는다. 인형극에 능하고 분홍색을 좋아한다.

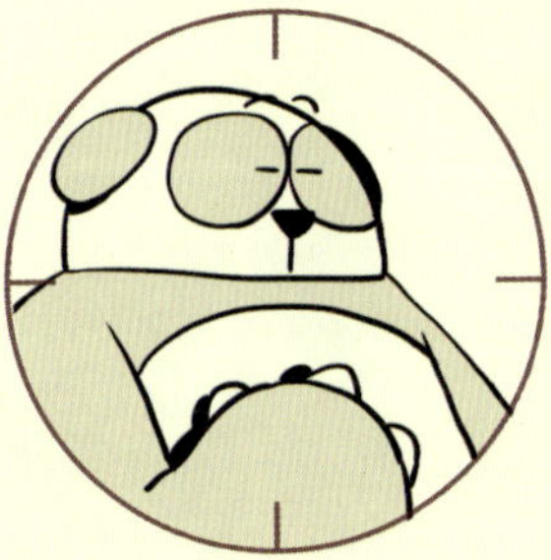

판다

콩의 제자훈련 제2관문 보조교사 겸 콩 출판사의 편집장. 항상 일이 많아 책 더미 속에 살고 있지만 콩과 함께 일을 하는 것에 큰 자부심을 가지고 있다. 성경에 관한 폭넓은 지식을 소유한 능력자.

예수

1세기를 살아간 유대인이자 복음서의 핵심 인물. 기독교에서는 온 인류를 구원한 신적 존재로 받아들여진다. 스튜어트는 복음서의 변론을 준비하며, 복음서 속 예수가 자신이 지금까지 관념적으로 그려온 인물과는 사뭇 다르다는 것을 깨달아간다.

prologue

프롤로그

사판 검사는 이전부터 성경의 역사성에 대해 의심이 가득했다.
BIBLE
특히 복음서의 기록들은 그가 보기에 기독교도들이 만들어낸 창작이자 신화였다.
BIBLE
Q. 왜 복음서를 신화라 생각하시는지?
뭐야 이것들…?
BIBLE
… 첫 복음서조차 예수가 죽은 지 최소 40년이 지난 뒤에야 쓰였잖습니까?
복음서 저자가 그 세월이 지나도록 예수의 행적과 가르침을 자세히 기억하고 있었을까요? 말이 안 되죠.
또한 사판 검사는 수많은 악행들이 기독교인들에 의해 벌어졌고, 지금도 일어나고 있는 것에 대해 분노가 가득했다.
DAILY
목사가 또 성범죄?

Q. 기독교에 분노를 느낀다고 하셨는데, 어떤 이유로 그런지?
깜짝이야!
뭐… 종교재판과 마녀사냥은 다 아실 테고. 가톨릭을 개혁했다는 개신교도 사실 별반 다를 게 없었죠.
이단 사상 가졌다고 사람을 화형시키고, 엄청난 수의 북미 대륙 원주민들을 학살하기도 했고…
그리고 지금도 기독교인이라는 자들이 온갖 범죄들을 저지르고 있는데 어찌 화가 안납니까?
사판 검사는 기독교에 의해 자행된 이 악행들이 결국 '복음서'라는 신화로부터 시작된 것이라고 생각하기에 이르렀다.
그렇게 해서 그는 복음서를 허위사실 유포 및 대중 선동죄로 고발하게 된 것이었다.
기소장
BIBLE

스튜어트 변호사는 경건하고 보수적인 기독교인이었다.
오, 주님…
그에게 성경은 절대적이며, 결코 오류가 있을 수 없다.
말세로다.
기소장
Q. 사판 검사가 복음서의 역사성에 의문을 제기했는데.
응?
사판? 사탄이랑 이름도 비슷하네.
그런 인간들은 신앙을 몰라서 그래요. 성경은 사람이 스스로 쓴 게 아니라, 성령의 영감으로 쓰인 겁니다.
그러니 성경에 오류가 있을 수는 없죠.
그는 웃기지도 않는 기소에 처음에는 콧방귀도 뀌지 않았다.
Q. 예수의 죽음과 최초의 복음서 기록 사이의 간극이 꽤 길었다고 하는데?

그러니까 그게 시, 신앙을 몰라서 하는 소립니다.
간극이 뭐 얼마쯤 있어서 사, 사람이 기억을 잘 못할 수도 있지만,
성령께서 다 기억나게 해주시는데 무,므,므,므, 뭐가 문젭니까?
쾅!!
Q. 사판 검사가 복음서를 고발했는데, 어떻게 대응하실 생각인지?
긁적
좌!!
긁적
기자 양반,
가서 사판인지 사탄인지한테 전하시오.
버럭!
내 주 하나님을 시험하지 말라!!!
스튜어트 변호사는 복음서의 변호를 맡기로 자청했다.

각자 유력한 증인들을 찾아
뒷조사에 들어갔다.

chapter.1

복음서의 순서에 관하여

주님…
이 작은 종을
살펴주셔서
사판 마귀의
권세에서
건져주소서어…
흔들
흔들
끼이-
스튜어트
변호사님?
자, 작고 세미한 이 음성…
이거슨 필시…
…성령님!
성령님이 친히 내 증인이
되어주셨…
글썽
저기요?
!
휙-
여기요,
여기.

변호사측 증인은 유감스럽게도
성령님이 아니었다.
으으으응??!
스튜어트는 불쾌해지기 시작했다.
너, 너, 이…
코딱지,
너 뭐야?
제 이름은
'콩'이구요,
삘
삘
증인입니다.
척
증이인?
네.
삘
삘
삘
삘
삘
스튜어트 변호사 사무실에 증인 자격으로
나타난 콩의 선조는 다름 아닌,
끄응-
하암-
예수님께 개들도 주인의 상에서 떨어지는
부스러기를 먹는다고 하소연했던 가나안 여인
옆에서,
개들도
주인의 상에서
떨어지는
?

빈정상한 그 개였다.
부스러기를 먹나이다…!
쓰읍…
저의 선조는 그 빈정상함을 이기지 못하시어
산으로 올라가 말씀에만 수불석권하여,
비로소 성경에 능통하게 되셨지요.
확 그냥!
끼리릭!
이게 어디서 약을 팔어!
속닥 속닥
음?
성서동물재단에 이 코딱지의 제자가 3000명이 넘는다고!!?
우글
우글
우글
스튜어트는 콩이 못 미더웠지만 무슨 이야기를 하는지 들어보기나 하자는 심정이었다.

좋아, 딱지.
그래,
콩딱지.
콩
입니다.
그럼 어디…
그 전에.
저희 가문에는
좀 특이한 전통이
있습니다만…
?
가르침이 시작되기 전에
제자는 스승 앞에
무릎을 꿇고
척
'한 수
알려주십시오'
라고 정중하게
부탁하는
!
일종의
신고식입니다.
제자아아
아아아아아?
으드득
덜
덜
하, 하,
한…
덜

수…
덜
덜
덜
알려… 주십쇼.
덜
덜
덜
조오씁니다.
저 바보…
덜
덜
스튜어트의 수난시대는
이렇게 시작됐다.
나 무릎
안 닿았는데…
ㅎ
덜
ㅋ
ㅎ
덜
ㅋ
취조실에는 묘한 긴장감이 흘렀다.
자, 그럼
탁
탁

이제 마태복음의
역사성부터
증명해보자고.
어허~
스승에게 존칭을
붙이셔야지요.
뭐!?
이 코딱지만
한 게 끝까지
캬-오-
흥!
!?
찌익-
알겠어,
알겠다구!
존칭 붙이면
되잖아!
…요.
씨익-
마태복음의 역사성을
증명하는 데 도움을
드리도록 하지요.
하지만…
찌익-

하지만…?
변호사님이 기대하신 것과는 좀 다를 수 있습니다.
……?
그런데 왜 하필 마태복음부터?
모름지기 복음서의 꽃은 '마태복음' 아니겠습니까?
복음서 중 맨 처음에 있고
가장 먼저 쓰이기도 했잖아요.
MATTHEW
MARK
LUKE
JOHN
마태복음이 복음서 중 가장 먼저 쓰였다고 누가 그래요?
우르르-

응?
그야 맨 처음에
있으니까…
헐…
글쎄요…
마태복음보다는
마가복음이 더 먼저
쓰였을 가능성이
높습니다.
?
콩은 마가복음보다 마태복음이 먼저
쓰였다고 할 경우 발생하는 몇 가지
문제를 말해주었다.
첫째, 마가복음의 전체 구절의 90%
정도가 마태복음에도 등장한다.
만약 마태복음이 먼저 쓰였다면,[1]
MATTHEW
MARK
90%
마가는 마태복음에서 가져온 본문에다
약간의 내용만 더하여 별도의 복음서를
만들었다는 이야기가 된다.[2]
겨우
10%만
더해서…?
둘째, 마가복음이 베드로의 증언을 바탕으로
쓰였다고 기록한 초기 기독교 전승을
생각해보면, 더욱 이상한 이야기가 된다.[3]
이러쿵
저러쿵
어쩌구
저쩌구
으…
입냄새…
베드로
마가

왜냐하면 베드로의 증언이 끼어들 자리가 사라지게 되거나, 베드로가 마태복음을 참조해서 증언했다고 보거나, 둘 중 하나가 되기 때문이다.
마태복음
휙-
마태왈, 이러쿵 저러쿵
MATTHEW
마지막으로, 마태복음과 누가복음에 모두 포함되어 있으며, 중요한 가르침이었을 것이 분명한
MATTHEW
LUKE
MARK
'주기도문'과 '팔복'을 마가가 무슨 이유로 생략했는지도 설명할 수가 없어진다.[4]
주기도문 팔복
주기도문 팔복
주기도문 팔복
MARK
MATTHEW
LUKE
JOHN
흠… 그렇다면 이런 순서가 되는 건가?
그건 그렇고, 아까 분명히 마가복음의 90%가 마태복음과 중복된다고 했지요?
그렇다면 마태복음만의 고유한 자료는 얼마나 되는 거요?
마태복음을 분석해보면 이렇습니다.
낑
낑
MATTHEW

마태복음의 45% 정도가
마가복음을 토대로
하고 있고, 20% 정도는
누가복음과 공유하고
있는 부분이므로,
마태복음만의
자료는 35%
정도 됩니다.5
35%
20%
45%
MATTHEW
LUKE
MARK
뭐?
마태복음만의
자료가 35%
밖에 안 돼?
이보쇼! 마태도
엄연한 열두 제자이고
사도인데, 남의 걸
그렇게 많이 가져다
썼다구!?
지금
무슨 말을 하려는
겁니끄으으아…
휙-
으득
진정하시구요…
그럼 이제부터
본격적으로
마태복음의
저자에 대해 탐구해
보도록 하죠.
침
튀었네…
슥
슥

주

1. John R. W. Stott, 『신약의 메시지』(아바서원 역간), 48-49.

2. John R. W. Stott, 같은 글.

3. Eusebius, 『교회사』 3.39.14-16.

4. Craig A. Evans, 『WBC 마가복음(하)』(솔로몬 역간), 63.

5. R. T. France, 『마태복음』(틴데일 신약주석 시리즈, CLC 역간), 53.

chapter.2

마태복음의 저자

한 가지 예를 들면, 마태복음에 마태 자신이 예수님의 부름을 받는 장면이 나오지요?
슥슥
그렇죠. 그가 세리 일을 하고 있을 때 부르셨죠.
나를 따르라.
!
이 내용도 마가복음을 토대로 한 부분이거든요.
마가복음
또 지나가시다가 알패오의 아들 레위가 세관에 앉아 있는 것을 보시고 그에게 이르시되 나를 따르라 하시니 일어나 따르니라.
마태복음
예수께서 그곳을 떠나 지나가시다가 마태라 하는 사람이 세관에 앉아 있는 것을 보시고 이르시되 나를 따르라 하시니 일어나 따르니라.[1]
헌데… 이 부분을 정말 마태 본인이 기록한 것이라면,
마태는 자신의 소명 간증을 남의 글에서 가져왔단 얘기가 돼요…[2]
척
MARK
마태를 부르심
METTHEW
이게 말이 될까요?
부들
부들

너어어…
우당탕탕
씩-
씩-
그럼…지금…
결국…
그러니까…
지, 지금…
씩-
씩-
마,마,마,
마태복음을
마태가 직접 쓰지 않았다는
안티크라이스트적 궤변을
지껄이려는 속셈이지!
바락
바락
번쩍
이이…
휙-
!!
덥썩!
주우여어어어어!!!!!!
NO
NO
NO
NO
다
다
다
고정식
꺼으으어
으으윽으으
어으으어
찡
찡
찡

학
학
학
학
학
흥!
찌익-
30분 뒤…
속닥
속닥
딱
딱
내사 마 일단 들어는 보지요. 들어는 보겠는데…
무릎… 무릎…
……
죄송하게 됐수다. 좀 알려주십쇼.
무릎도 꿇겠소…
……
좋아요.
찌익-
도리
도리
흥!
말을 좀 끝까지 들으세요…

마태복음의 저자 문제는 간단하지가 않습니다.
그래서 전승 기록들을 좀 살펴봐야 해요.
전승?
2세기 초, 히에라폴리스의 주교였던 파피아스의 증언을 보면,
PAPIAS OF HIER
그리하여 마태는 그 로기아(ta logia)를 질서 있게 배열하여 히브리어로 적었으나, 각 사람이 능력껏 최선을 다하여 그것들을 해석했습니다.
–유세비우스의 『교회사』에서 인용된 파피아스의 증언–3
?
이게 대체 뭔 소린지… '로기아'가 무슨 말이오?
로기아는 일종의 '어록'을 뜻하는데요…
어록?
아하!–
그 말은 마태가 예수님의 '산상수훈'이나 '감람산 강화' 같은 가르침들을 히브리어로 적어 수집했단 소리군! 나 이해했어!
짝!
그렇다고 볼 수 있죠.
그리고 재미있는 것은 마태의 직업이 세리였다는 점인데요,

당시 세리라는 직업 특성상,
그는 속기에 능했을 가능성이 높다.
마태
나아뿐 노무 쎄리…
슥
슥
세리 마태
어쩌면 마태는 예수님이 살아계신 때부터 그분의 가르침들을 받아적어 수집했을 가능성도 충분하다.4
슥
슥
천국은 마치…
서기관 마태
오… 그렇군.
그럼 꽤나 이른 시기부터 마태에 의해서 예수님의 가르침들이 쓰였을 수 있다는 말이군요!
척
후
후
후
후
척
이런 내용을 좀 많이 이야기 해달란 말입니다!
아까처럼 혼란스럽게 하지 말고!
후
후
후
후
훗
스튜어트는 콩의 이야기에 아직 의문이 다 풀리지는 않았지만,
돌았나?
후
후
히
힛
힛
힛
히
!

콩은 자신이 해낸 설명에 과도하게 만족스러워하고 있었다.
히 힛 히
하지만 아까 말씀 드렸죠?
슥
마태복음의 저자 문제는 간단한 게 아니라고…
또, 또, 또, 무슨 이상한 이야기를 하려는 겁니까아…?
슥
파피아스의 증언의 뒷부분을 이해하고 넘어가야 해요.
로기아
있게
히브리어로
적었으나, 각 사람이 능력껏 최선을 다하여 그것들을 해석했습니다.
쿵
이건 또 뭔 소린가…
이것은 마태가 히브리어로 쓴 예수님의 가르침과 일화들을
히브리어
슥
슥
예수님의 가르침
나중에 다른 누군가가 헬라어로 번역했다는 의미 같아요.
헬라어
α β φ
쏼라
쏼라
예수님의 가르침

THE GOSPEL of MATTHEW
지금 우리가 보는 마태복음 원문은 헬라어로 되어 있거든요.
그러니까 마태가 쓴 것을 다른 누군가가 번역했다는 거 아니요?
음…
그런데 당시의 '번역'이라는 건 지금보단 좀 더 유연한 개념이었어요.
A
1세기의 유대인 역사가인 요세푸스가 자신의 저술인 『유대 고대사』를 두고
구약성경을 '번역한 것'이라고 한 걸 보면 알 수 있죠.[5]
번역이 별거냐?
요세푸스
『유대 고대사』는 구약성경과는 차이가 있는 문헌이다. 요세푸스는 구약의 내용을 덧붙이기도 하고, 생략하기도 했다.[6]
the ANTIQUITIES of the JEWS
FLAVIUS JOSEPHUS
그러므로 마태복음의 헬라어판을 기록한 사람 역시
더 첨가할 거 없나?
마태가 히브리어로 쓴 내용을 번역한 것 외에도 일부 내용을 더 첨가했을 가능성이 높다.

그것은 아마도 마가복음에서 빌려온 내용들일 것이다.
마가 복음
특히 마태복음에서 구약이 인용된 부분들을 보면,
마가복음에서 빌려온 부분이 더 도드라져 보여요.
구약에서 인용했다는 건 뭘 말하는 거요?
예를 들면 이런 구절들 이죠.
미가
베들레헴 에브라다야! 너는 유다 족속 중에 작을지라도 이스라엘을 다스릴 자가 네게서 내게로 나올 것이라 (미 5:2).
마태 복음
유대 땅 베들레헴아! 너는 유대 고을 중에서 가장 작지 아니하도다. 네게서 한 다스리는 자가 나와서 (마 2:6).
아하 저런 구절들…
그런데 마가복음에서 빌려온 부분들이 도드라진다는 건 무슨 소리요?
구약성경은 히브리어로 쓰인 것 외에도 70인역이라고 불리는 헬라어 번역본이 있는데요,
헬라어 번역본
히브리어 성경

구약을 인용할 때 마가복음은 헬라어 번역본의 형태를
그대로 인용하는 반면,[7]
마가복음
헬라어 번역본
마태복음에서는 헬라어 번역본과 히브리어 성경이 자유롭게 섞인 형태가 대부분이에요.[8]
마태복음
헬라어 번역본
히브리어 성경
그런데 예외적으로 마태복음도 헬라어 번역본 형태로만 인용되는 부분이 있는데,
흥미롭게도 그 부분들이[9]
MATTHEW
헬라어 번역본
MATTHEW
MARK
마가복음에서 빌려온 부분과 거의 겹친다는 사실이에요.[10]
끙…
…그러면 마태의 소명 기사 문제도

헬라어로 번역한 다른 누군가가
마가복음에서 가져온 내용이라고
생각하면 설명이 되는군,
설명은…
스튜어트는 사도 마태가 직접 쓴 것이 마태복음의 전부가 아닐 수 있다는 점을 인정하기가 어려웠다.
하지만 마태복음이 마가복음의 내용을 빌려왔다는 것만큼은 사실상 분명했다.
!
얌마 인정하면 편해져~
그런데 이런 이야기를 듣다 보니, 복음서가 성령께서 직접 쓰신 거라기보다
휘
펑-
휘
사람이 쓰고 편집한 내용으로만 보이는군요…
……
하지만 성경은 분명…

하나님께서 쓰신 거란 말입니다!!
쾅
크으…
……
누가 뭐래요?
?
당연히 복음서는 하나님의 성령의 영감으로 쓰였고, 무엇보다…
예수 그리스도의 말씀이에요.
……
어, 어… 하, 하지만
지금까지 댁이 설명한 건 마치 복음서가 사람의 힘으로만…
물론!
사람의 손과 지각, 그리고

당시의 구술 및 기록 문화라는 그릇을 사용하셔서 주신 말씀이라는 사실도 알아야 해요.
어쩌구 저쩌구
말씀을 묵상할 때 그런 배경지식의 필요성을 느껴보신 적이 없으세요?
그냥 하나님의 영감으로 쓰였다고 믿으면 말씀이 더 풍성해지나요?
삘
삘
......
예를 들어, 무인도에 홀로 떨어진 사람에게 성경이 주어졌다고 해서
그가 홀로 성경의 모든 진리를 다 깨달을 수 있어야만 하는 걸까?
이거 불쏘시개로 그만이겠어! 그렇지 윌슨?
......
그것이 하나님의 의도라면, 교회라는 구조와 교사 같은 직분은 뭐하러 주셨으며,
휘이-
교사
찍!

예수님께서는 왜 굳이 당신의 말씀을
가르치고 지키라는 지상명령을 하신 걸까?
가르쳐
가르쳐
가르쳐
안가르쳐
?
말씀을 개인적으로 깨닫고
적용하는 일도 중요하지만,
Q.T
말씀이 쓰인 문화와 배경, 그리고
구약적 맥락을 함께 이해하는 것 역시
중요하다.
구약
문화
배경
!
Q.T
이러한 지식들을 교회로부터 배우고
가르치는 일들을 통하여,
!
개개인의 말씀의 깨달음도 더욱
풍성해지고 깊어진다.
!
휘-
!
!
개인적인 깨달음과 성경에 관한 배경지식,
이 두 가지는 함께 이루어져야
시너지 효과를 내며,
끼리릭
끼릭

우리를 말씀에 대한 더 온전한 이해 속으로 인도할 것이다.
탈 탈 탈 탈 탈 탈
띵!
말씀
마음은 불편하면서도 머리로는 이를 인정하게 된 스튜어트의 복잡한 내면은,
……
마지못해서 나오는 신음인지, 새로운 깨달음에서 비롯된 감탄사인지 모를 짧은 탄식으로 새어나왔다.
허어어… 오케이.
변호사님! 저희 시원한 거 한 잔씩 마시고 할까요?
쭈우웁-
그러니까 다시 말하자면,
그냥 맹목적으로 성경을 읽어나가기 보다는,
쭈웁 쭈웁 쭈웁

역사와
문화, 그리고
그 시대를
살았던 사람들을
통해
'하나님께서 어떻게
역사하셨는가?'를
고민하는 것이
BIBLE
복음서에 더
가깝게 접근하는
방법이라는
거군요…
그렇다고
볼 수 있죠!

1. 막 2:14; 마 9:9.

2. Scot Mcknight, 『예수 복음서 사전』(요단 역간)의 기고문, 248-249.

3. Richard Bauckham, 『예수와 그 목격자들』(새물결플러스 역간), 365의 번역을 따름.

4. R. T. France, 『마태복음』(틴데일 신약주석 시리즈, CLC 역간), 51.

5. Richard Bauckham, 『예수와 그 목격자들』(새물결플러스 역간), 346.

6. Richard Bauckham, 같은 글.

7. R. T. France, 『마태복음』(틴데일 신약주석 시리즈, CLC 역간), 34-35.

8. R. T. France, 같은 글.

9. R. T. France, 같은 글.

10. R. T. France, 같은 글.

chapter.3

마태복음의 저작 연대 및 구조

그렇다면 마태복음이 최종적으로 헬라어로 완성된 연대가 언제쯤인지요?
십자가에 달리심
마태복음 완성
A.D.
B.C.
0
A.D.30
A.D.60
70
80
마태복음 헬라어판의 완성은 주후 75-85년 사이로 볼 수 있습니다.1
마가복음 완성
A.D.
B.C.
0
A.D.30
A.D.60
70
80
많은 학자들이 마가복음이 쓰인 연대를 60년대 말 정도로 보고 있는데요,2
마가복음이 교회에 전파되어 회람된 시간을 고려하면,
마태
마가
80
70
주후 75-85년 사이로 추정할 수 있는 것이죠.3
그렇다면 마태가 히브리어로 복음서를 정리한 건 그보다 빠르겠네요?
음…
적어도 로마 군대가 예루살렘 성전을 파괴했던 주후 70년 이전인 건 확실해 보여요.
성전파괴
A.D.70

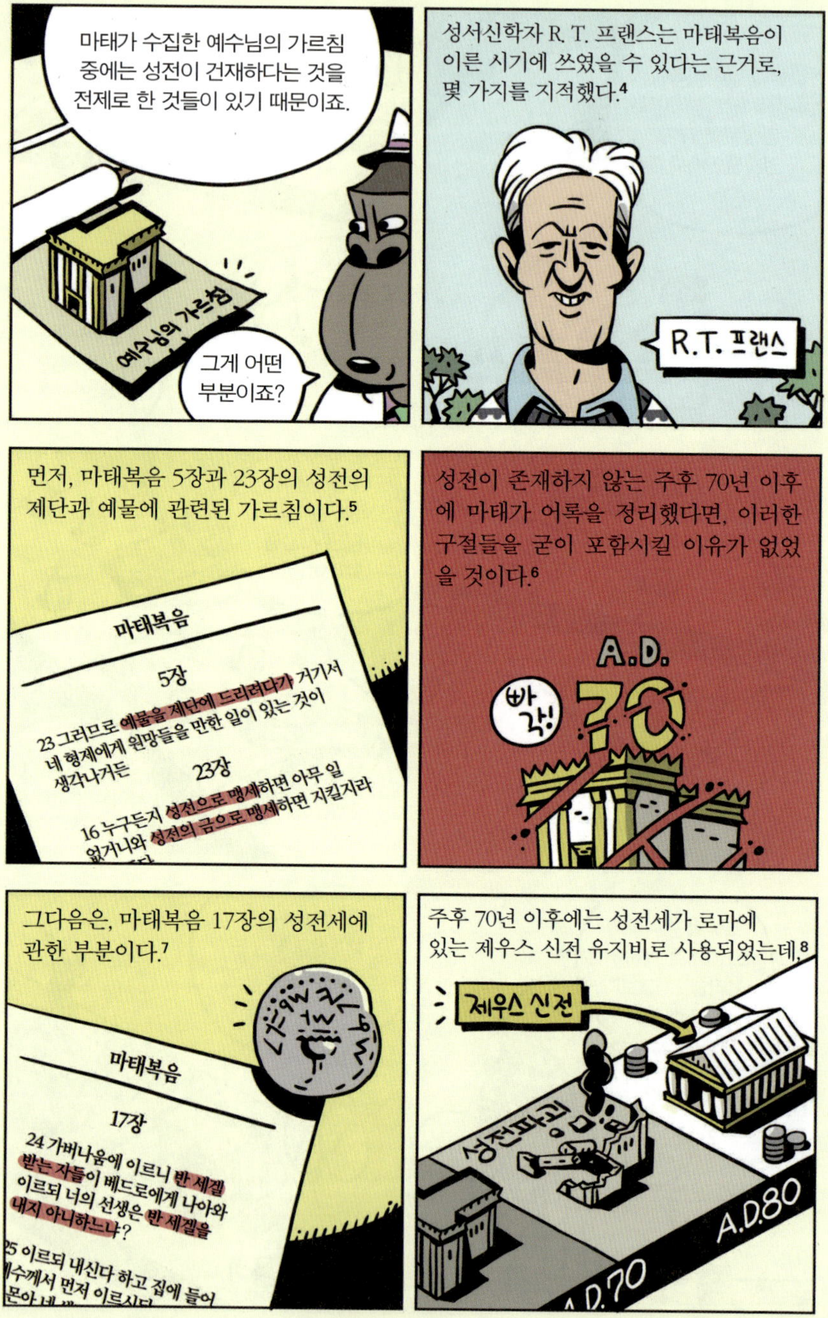

마태가 수집한 예수님의 가르침 중에는 성전이 건재하다는 것을 전제로 한 것들이 있기 때문이죠.
예수님의 가르침
그게 어떤 부분이죠?
성서신학자 R. T. 프랜스는 마태복음이 이른 시기에 쓰였을 수 있다는 근거로, 몇 가지를 지적했다.[4]
R.T. 프랜스
먼저, 마태복음 5장과 23장의 성전의 제단과 예물에 관련된 가르침이다.[5]
마태복음
5장
23 그러므로 예물을 제단에 드리려다가 거기서 네 형제에게 원망들을 만한 일이 있는 것이 생각나거든
23장
16 누구든지 성전으로 맹세하면 아무 일 없거니와 성전의 금으로 맹세하면 지킬지라
성전이 존재하지 않는 주후 70년 이후에 마태가 어록을 정리했다면, 이러한 구절들을 굳이 포함시킬 이유가 없었을 것이다.[6]
A.D. 70
빠각!
그다음은, 마태복음 17장의 성전세에 관한 부분이다.[7]
마태복음
17장
24 가버나움에 이르니 반 세겔 받는 자들이 베드로에게 나아와 이르되 너의 선생은 반 세겔을 내지 아니하느냐?
25 이르되 내신다 하고 집에 들어 예수께서 먼저 이르시되
주후 70년 이후에는 성전세가 로마에 있는 제우스 신전 유지비로 사용되었는데,[8]
제우스 신전
성전파괴
A.D.70
A.D.80

만약 마태가
주후 70년 이후에
이 가르침을
정리했다면…
척
이교 신전을
옹호하는 것으로
비춰질 수 있었
겠네요…
맞아요.
오호…
그렇다면
역시 마태가
이른 시기부터
복음서의 기반을
다져놓았다는 게
확실해 보이는군요.
하지만
?
연대에 대해서는
어디까지나 추정치일
수밖에 없다는 사실을
알아야 해요.
휘
휘
알겠어, 알겠어,
여하간 정리하자면,

마태는
히브리어 혹은
아람어로
예수님의 가르침을
중심으로 정리를
해놓았고,
예수님의
가르침
A.D.
B.C.
0
A.D.70
A.D.80
1세기 후반 어느 시점에
마태가 정리한 가르침
모음집을 헬라어로
번역한 사람이,
마가복음의
내용과
결합을 해서
마가복음 & 헬라어 번역본
마가
A
A.D.
B.C.
0
A.D.70
A.D.80
지금 우리가 보는
마태복음판을
완성했다는 것이군.
맞죠?
마태
A.D.
B.C.
0
A.D.70
A.D.80
뭐 물론
다른 견해도
있기는 합니다.
?
마태가 히브리어로 완성된 형태의
마태복음을 썼고, 다른 무명의 사람이
헬라어로 번역만 했다는 학자들도 있고,
히브리어
마태복음
A
헬라어
번역본
파피아스의 증언을 다르게 해석하여
마태가 아예 헬라어로 처음부터 끝까지
썼다고 보는 학자들도 있다.
헬라어
마태복음
A

스튜어트는 이제 콩의 이야기에 조금씩 흥미를 느끼기 시작했다.
흠
이제 조금 더 재미있는 이야기를 해볼까요?
씨익-
잠깐!
휙
지금 사판 검사와의 대결에 필요한 자료도 충분치 않은 판국에,
재미있는 이야기고 나발이고 아직 우린 본문도 들춰보지 못했다구요.
지금쯤 그 작자는
복음서의 역사적 오류에 관한 많은 자료를 수집하고 있을 텐데…
슥-

그러니까
우리도 빨리
본문으로 들어가지
않으면…
그러니까
본문에 들어
가기 위해서
마태복음의
구조 파악을 먼저
해보자구요.
히
히
구조?
네, 구조.
다시 말해
마태복음의
큰 그림을
보는 거죠.
마태복음의 구조를 아는 것은, 본문을
이해하는 데 많은 도움을 준다.
MATTHEW
그중에서 가장 잘 알려진 것은,
예수님의 가르침을 중심으로
다섯 묶음으로 분류한
B. W. 베이컨의 모델이다.[9]
MATTHEW
3:1-7:29
8:1-11:1
11:2-13:53
13:54-19:1a
19:1b-26:2

이 가르침 묶음들을 보면 재미있는 부분을 발견할 수 있는데요,
팔랑
예수께서 이 말씀을 다 마치시고
분계선
각 묶음이 모두 비슷한 분계선으로 구분된다는 것이에요.[10]
그게 어쨌길래?
다시 말해서
마태복음의 저자는 의도적으로 같은 분계선을 사용하여[11]
예수님의 가르침을 다섯 묶음으로 분류했다고 볼 수 있어요.[12]
제자도
사도권
숨겨진 계시
교회 행정
심판
1편
2편
3편
4편
5편
서론
1.제자도
이야기
가르침
2.사도권
이야기
가르침
3.숨겨진계시
이야기
가르침
4.교회행정
이야기
가르침
5.심판
이야기
가르침
결말
그리고 그 가르침을 이야기와
짝을 지어서 구조적으로 배치했구요.[13]

재미있는 사실은, 첫 번째와 마지막 가르침이
그 사이에 있는 가르침 묶음보다 분량이 많다는 점인데요.
그만큼 중요하겠죠?
1편
5편
이 첫째와 마지막 가르침의 서두에 각각 나오는 것이 바로
'팔복'과 '칠화'입니다.
팔福
칠禍
복과 화?
마태복음의 저자는 '복과 화', 즉 서로 대응하는 주제를 의도적으로 배열하여
福
禍
교차대구법이라는 구조를 사용하고 있는 겁니다.
1.복
2.
3.
4.
5.화
영국의 신약학자 톰 라이트는 마태가 사용한 교차대구법적 구조가 신명기를 염두에 두고 있다고 주장한다.
톰 라이트

그에 따르면 마태복음의 저자가 염두에 둔 것은 신명기 27-30장 사이에 있는 '저주와 축복'의 맥락이다.[14]
축복
저주
이스라엘 백성이 약속의 땅으로 들어가기 전에 주어진 저주와 축복이[15]
모세
저주와 축복
가나안
이제 예수를 따르느냐 마느냐의 문제로 다시 주어졌다는 것이다.[16]
예수님
나를 따르라.
천국
생명이냐 죽음이냐, 양이냐 염소냐, 축복이냐 저주냐…[17]
LIFE
BLESS
CURSE
예수를 따르는 새로운 백성이 될 것인가, 아니면 기존의 낡은 유대교에 머물러 있을 것인가?[18]
주님…
쯧!
뭐… 꽤 그럴듯하게 들리는군요.
긁적
긁적
대박… 구조를 파악하니 마태복음이 한눈에 보인다.

그럼 이제
본격적으로
마태복음서로
들어갈…
어어?
시간이 벌써
이렇게…
꼬르르
르르르…
이를
어쩌나…
왜?
무슨 일
있수?
끙
제가 다른
강의가 있어서
지금 가봐야
하거든요…
저 말고도
다른 증인들
있으시죠?
!
네?!
아, 네,
뭐, 그야…
당연히…
휙-
있죠!

!!
다, 다른 증인들이 줄을 서서 기다리고 있지요~ 파하하하하하!
그거 참 다행이네요.
그럼 건승하세요~
꾸벅
휙
휙
......
......
딱!
오오! 뭐 좋은 수라도 있냐?
휙
소곤
소곤

휴… 이런 것도
아이디어라고…
모양
빠지게
시리.
룰루랄라
SPECIALITY
CAFE
ROASTERY
BIBLICAL ZOO
1st
CENTURY
JERUSALEM
TEMPLE

1st CENTURY
JERUSALEM TEMPLE
바, 박물관?
쟤는 여기서 뭘 하는 거야…?
와우-
치직-치직-
?
끼익-
어, 어…?

1. Scot Mcknight, 『예수 복음서 사전』(요단 역간)의 기고문, 248-249.

2. Scot Mcknight, 같은 글.

3. Scot Mcknight, 같은 글.

4. R. T. France, 『마태복음』(틴데일 신약주석 시리즈, CLC 역간), 45-46.

5. R. T. France, 같은 글.

6. R. T. France, 같은 글.

7. R. T. France, 같은 글.

8. R. T. France, 같은 글.

9. Scot Mcknight, 『예수 복음서 사전』(요단 역간)의 기고문, 249-250.

10. Scot Mcknight, 같은 글.

11. Scot Mcknight, 같은 글.

12. Scot Mcknight, 같은 글.

13. Scot Mcknight, 같은 글.

14. N. T. Wright, 『신약성서와 하나님의 백성』(크리스챤다이제스트 역간), 642, 644.

15. N. T. Wright, 같은 글.

16. N. T. Wright, 같은 글.

17. N. T. Wright, 같은 글.

18. N. T. Wright, 같은 글.

chapter.4

마태복음의 독자

치직
치직
치직
치직
?
콰!
뭐야?!
아, 아,
마이크
테스트.
잘
들려?
삐-
!
안녕
하십니까?
어어?
콩?
접니다,
저.
저의 제자가
되기 위하여
이곳까지
오신
여러분을
진심으로
환영합니다.
?

녹화 영상?
말이 제자가
된다는
것이지,
말씀을 더 깊이
깨닫기 위해
이곳에 오셨다는
것을 잘 알고
있습니다.
……
하지만!
말씀을 깊이
깨닫는다는 것이
결코 쉬운 일은
아닐 터…
긁
그래서
여러분은
앞으로 말씀을
깨닫기 위한
험난한 시험을
거치셔야
합니다.
흥
흥
흥
흥
흥
우선
이분을
보실까요?
?
삐-
으…
으…
으으
터벅
터벅

화면에 나오는 이분은 그저 탐욕스럽게 지식만을 구하다가
으..
으..
터벅 터벅
oo..
입구가 도대체 어디야…
이곳 지하 어딘가에서 미아가 되셨지요.
끄아아악! 나 돌아갈래!
!!
빅-
자, 이제 선택은 당신의 손에 달렸습니다.
예수님을 진정으로 따르고자 하는 각오 없이 그저 지식만을 구하러 오셨다면,
돌아가셔도 좋습니다.
끼이-
!
이곳은 보기보다 아아주 위험한 곳 이니까요.
후 다 다 닥
흥 흥 흥 흥

만약에
휙-
정말
말씀을 더 깊이
깨닫기로
결정하셨다면,
띵-
ELEVATOR
스르르
스르르
입장하시면
되겠습니다.
푹-
......
슥-
턱
턱
턱

ELEVATOR
치직
치직-
스르르-
스르르-
덜컹
덜컹
띵-
!
그르르
QUIZ
마대복음 1장의 계보는
세 그룹으로 나뉘는데,
각 그룹은 몇 대일까-용?
!!

이게 뭐야…
들어오자마자
시험인가…
계보…?
띵-
띵-
띵-
14
3
7
벅
벅
여기 있는 세 문 중에
하나가 정답이겠군.
답은 몰라도
객관식이라면야,
14대
3대
7대
14대
3대
벌컥
생각하지 말고
느낌 오는 대로!
아아아아아
다
다
다
콰콰콰콰콰
끼
에-
죽는 줄 알았네…
확률이 반반이라면
자신 있지!
헉
헉
헉
헉
헉

끼에에
에에에에
에—
14대
3대
7대
으으으…
으으..
미리미리
성경 공부 좀
해둘걸…
14대
끼이-
?
THEATRE
PUPPET SHOW

PUPPET SHOW
!!
스르르
스르르
끼릭
끼릭
안녕하신가? 여기는 1세기의 예루살렘이고
홱
나는 예수를 그리스도로 고백하는 유대인일세.
이건 또 뭐야…?
휴… 그런데 말이지
예수를 따르기로 결정한 뒤부터
내 인생이 꼬이기 시작했다네…
도리
도리
혹시 내 고민 좀 들어줄 수 있나?
야야 야야!
!

PUPPET S
아아…
안 돼,
또 시작이야…
너, 이 자식
또
어디 가는 거야?
또 그 나사렛 이단
집단에 가는 게지?
어찌 그리 하나님을
모독하는가!
내가
하나님을
모독했다고?
다 들었네.
자네가 따른다는
그 예수가
모세의 율법을
변질시키고 왜곡해서
가르쳤다는 사실을!
게다가 성전을
헐어버리겠다고
했다지?
그게 신성모독이
아니면 뭔가!
자네는 이제
율법을 아예
따르지 않을
생각인가?
어휴!
그러니까 내
고민이라는
게…
휙
형제님~
아아…
또…

거 알 만한 분이
그러면 됩니까?
네?
또 무슨
문제라도…?
아직도 율법의
정결례를 지키고
계신다고
들었습니다만…
이제 교회 안에는
이방인 성도들도
많은데 계속 그렇게
율법을 지키시면
다른 성도들이 얼마나
불편하겠습니까?
우리 예수님의
핏값으로 이제
율법은 폐하여졌잖
습니까?
굳이 그 유대교적인
삶의 방식을
고수하는 이유가
뭡니까?
……
휙
하아…
봤소? 내 요즘 맨날
이러고 산다오.
어디에 장단을
맞춰야 할지,
원…
그렇게
불쌍한 눈으로
쳐다보지만
말고
뭔가
뾰족한 수가
없을까요?
나보고 뭘
어쩌라고…

덜컹
덜컹
THEATRE
PUPPET SHOW
?
덜컹
THEATRE
SHOW
쑥-
!!
옴마
야아!!
돼지야,
새야!!?
자,
여기서
문제유.
지금 이
주인공에게
필요한
복음서를
딱 한 권만
집어줘야
한다면,
가장 알맞은
것은
무엇일까유?
......
마태복음!
이유는?
찍은
건데?

하아아아아~
잘 들어 봐유.
당시 예수를 믿는 유대인들은 동족 유대인들과의 심각한 갈등에 직면해 있었어유~
아까 인형극 봤쥬?
기존의 유대인들은 기독교를 구약과는 상관없는 이방인의 종교라고 오해하고 있었거든유.
점점 교회 안에 이방인의 수가 많아져서 그렇게 보인 것일 수도 있겠쥬.[1]
이런 배경 속에서 나온 복음서가 바로 마태복음이란 말씀이유~
쉽쥬?
유대계 그리스도인들을 위한 복음서라…
그럼 우리는 읽을 필요가 없단 말인가?

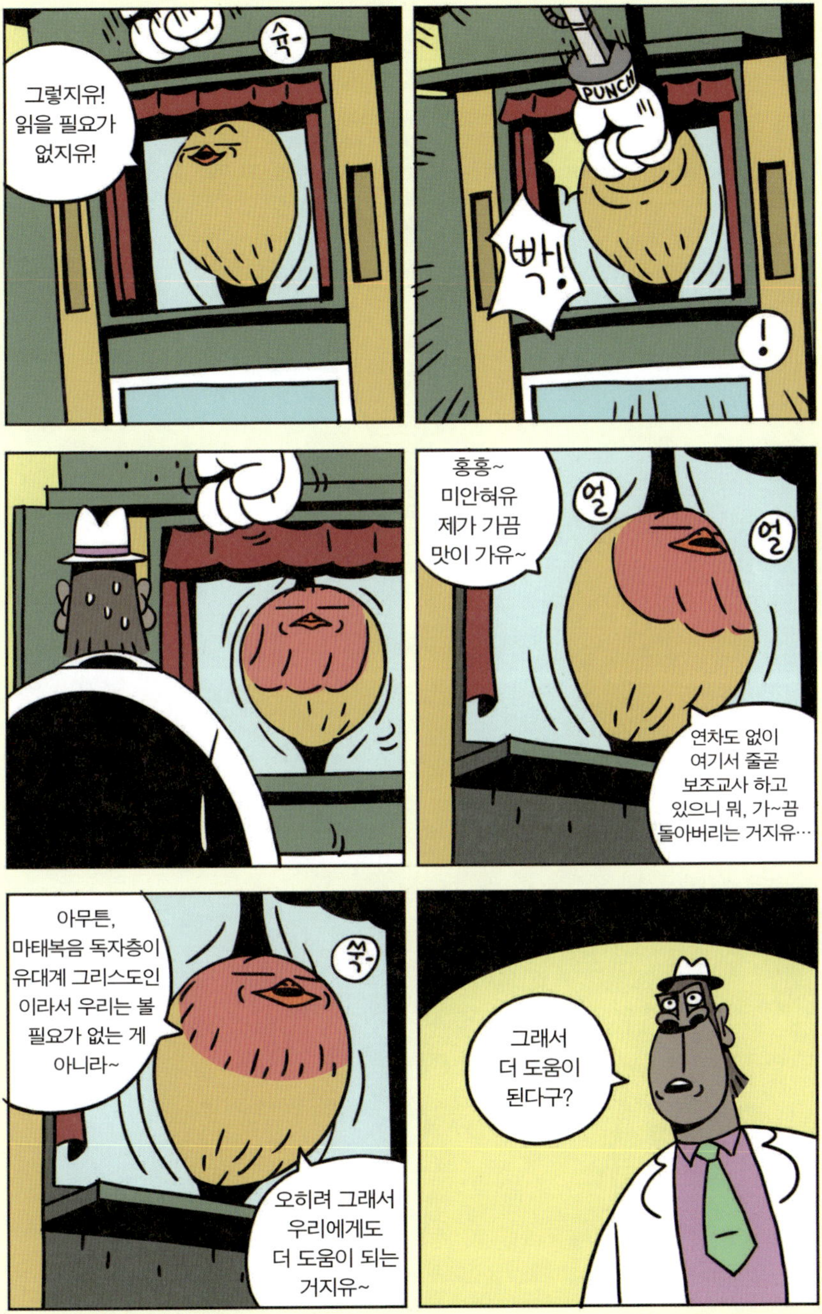

슉-
그렇지유!
읽을 필요가
없지유!
PUNCH
빡!
!
홍홍~
미안혀유
제가 가끔
맛이 가유~
얼
얼
연차도 없이
여기서 줄곧
보조교사 하고
있으니 뭐, 가~끔
돌아버리는 거지유…
아무튼,
마태복음 독자층이
유대계 그리스도인
이라서 우리는 볼
필요가 없는 게
아니라~
쑥-
오히려 그래서
우리에게도
더 도움이 되는
거지유~
그래서
더 도움이
된다구?

주

1. Donald A. Hagner, 『WBC 마태복음(상)』(솔로몬 역간), 71-72.

chapter.5

마태복음의 계보

THEATRE
PUPPET SHOW
먼저 이걸 보셔유~
쪽
?
처음에는…
쏙
오, 콩!
예수님이 원망스러웠습니다.
?
예수님께서 저희 선조의 주인인 가나안 여인에게 하셨던 말씀은 충격, 그 자체였습니다.
척-
가나안 여인과 콩의 선조
이렇게 말씀하셨죠.
척-
예수님
가나안 여인과 콩의 선조
나는 이스라엘 집의 잃어버린 양 외에는 다른 데로 보내심을 받지 아니하였노라.[1]

그렇다면
예수님은
유대인만을 위해
이 땅에 오신 건가
하는 마음에 며칠간
밤잠을 설친 적도
있지요.
맞아! 유대인이
뭐길래…
하지만
결국엔 우리 하나님의
깊고 넓은 마음을
이해하게 되었습니다.
예수님께서 그렇게
말씀하신 이유가
하나님의 언약적
신실하심 때문임을
깨달았기 때문이죠.
언약적
신실하심?
동지
여러분!
부디 이 시험을
무사히 통과하셔서
하나님의 마음을
깨달아가시기
바랍니다.
!
건승하시길!
저는 이만…
슬슬슬
에에?
끝이야?
언약적
신실하심이
어쨌…
텅

들어오셔유~
아, 예…
왜 이렇게 좁아?
근데 콩 씨는 도대체 어디 있는 겁니까?
시작부터 뭔 콩 스승님 타령 이유?
이거나 자슈~
아까 보니 엄청 쉬운 퀴즈도 다 틀리고 들어오셨더만. 딱~ 여기서 미아되기 좋겠어유~
흥
흥
끙… 그럼 문제만 잘 맞추면 콩한테 갈 수 있단 얘깁니까?
그리 호락호락하지 않을 테니, 지랑 공부 좀 하고 가시는 게 좋을 것이어유.
흥
흥

그럼 일단 좀 전에 본 그 인형극부터 설명해보소
나는 이스라엘 집의 잃어버린 양 외에는 다른 데로 보내심을 받지 아니하였노라.2
나도 마태복음을 보면서 예수님의 그 말씀이 잘 이해가 안 갔었는데… 설마 그게…
진짜로 예수님이 유대 민족만을 구원하러 오셨다는 소립니까?
수준 하고는…
쯧!
뭐요?
예수님은 이미 수리아와 데가볼리 등지에서 많은 이방인들이 따랐고,3
수리아
갈릴리
데가볼리
사마리아
유대
로마의 백부장에게는 이스라엘 중 아무에게서도 이만한 믿음을 보지 못했노라고 말씀 하셨는가 하문,4
심지어 동서로부터 많은 사람이 이르러 아브라함과 이삭과 야곱과 함께 천국에 앉는다는 말씀 못 들어봤어유?5
슥-
어버버버…
그럼… 말이 서로 안 맞잖아요?
얼핏 그래 보이지유. 하지만 이 말씀들은…

구약의 언약이라는 큰 그림 안에서 이해혀야 해유.
홍
홍
당시 유대인들은 예수님의 말씀을 듣고
단박에 에스겔서의 말씀을 떠올렸을 거란 말여유~6
"EZEKIEL"
양이 흩어졌으면 그 떼를 찾는 것 같이 내가 내 양을 찾아서 흐리고 캄캄한 날에 그 흩어진 모든 곳에서 그것들을 건져낼지라 (겔 34:12).
여기도 '잃어버린 양'을 찾으실 거란 내용이 나오지유?
그러네요. 근데 그것도 이스라엘 사람들 아닌가?
그냥 이스라엘 사람이 아니고,
긁적
죄악으로 실패해서 바벨론에 포로로 잡혀간 이스라엘 사람들이쥬.7
BABYLON
그들은 예수님 당시까지도 여전히 로마라는 압제 속에 놓여 있었던 목자 잃은 양이었구유.8
ROME

예수님은 바로 그 '잃어버린 양'과 같은 이들을 찾고
건져내실 것이라는 하나님의 약속을 목자로서 이루고 있으신 거지유.9
하나님께서는 자기 백성에게 하신 약속을 확실허게 지키신다.
그게 콩 스승님이 말씀하신 '하나님의 언약적 신실하심'의 말뜻이구만유.
언약적 신실하심
예수님의 초점은 유대인들만 구원하겠다는 민족적·혈통적인 것에 있는 게 아니라,
!
하나님의 약속을 이루시는 것에 있으셨단 말이지유.
?
BIBLE
여하간 이방인들은 하나님의 그 약속과 상관없다는 뜻 아닌가요?
아니지유. 지가 아까 말했잖어유. 이방인들도 아브라함과 이삭과 야곱과 함께 하나님 나라에 들어갈 것이라고.

그리고
결정적으로
마태복음의
마지막에 보믄
예수님께서
모든 민족에게
복음을 전하라고
하셨잖어유?
복음
MATTHEW
결국
'잃어버린 양'의
범위가
이방인들에게까지
확장되는 거예유.10
메에-
메에-
음…
그럼 복음서가
말하는 이스라엘
이라는 게 대체
뭐요?
여기서부터
시작해보지유.
좌르륵
!
예수그리스도의
계보
아브라함
다윗
계…
계보?

끙…
내가 저것 땜에 마태복음 못 읽을 뻔했지…
하나님께서는 인류를 구원하시기 위한 계획 속에서 먼저
예수 그리스도 계보
아브라함
다윗
'아브라함'을 쿡 찌르셨지유.
너로 정했다!
콕!
OH MY GOD!
그거슨 세계 만민이 아브라함의 자손을 통해서
하나님의 구원에 이르도록 하기 위해서였고…
콕!
콕!
'이스라엘'이라는 나라는 그런 사명을 받은 제사장 나라로 세워지게 된 것이에유.
그리고 그 나라는,
ISRAEL
저 유명한 다윗 왕 때에 그 절정을 맞이해유.
척
다윗

다윗은 그야말로 유대인들이 기대했던, 이스라엘을 구원할 '메시아'의 모델 이었지유.
메시아의 모델?
그르니께…
다윗은 주변의 적국들을 죄다 물리치고, 아들 솔로몬 왕을 통해 성전을 지었잖아유?
그래서 원수들에 대한 승리와 성전 건축,
이 두 가지는 유대인들이 기대한 '메시아'에 관해서 가장 중요한 상징이 된 것이에유.[11]
MESSIAH
허지만… 이후로 이스라엘은 '남유다'와 '북이스라엘'로 두 동강이 나고…
북이스라엘
남유다
양쪽 모두 우상숭배와 죄악에 빠져버리지유.
결국 북이스라엘은 앗수르에 의해 멸망하고…
바벨론 포로기
앗수르
바벨론
남유다는 바벨론에 잡혀가게 돼유.

하나님의 구원 계획을 위해 선택된 이스라엘이
오히려 그 자신도 구원을 받아야 하는 지경에 빠지게 된 것이지유.
예수그리스도의 계보
이렇듯 예수님의 족보는 아브라함, 다윗, 바벨론 포로기, 세 지점을 기준으로
14대씩 구분을 했어유.
아브라함
14대
다윗
14대
바벨론 포로기
14대
예수님
그리고 마지막에 예수님을 위치시키지유.
마태복음 저자가 무슨 말을 하고 싶은 건지 아시겠쥬?
족보는 그냥 족보지 무슨 말…?
……
그러니께 '14대'도 못 맞추고 다 틀렸지유!
핏
부들
부들
이스라엘은 하나님의 구원 계획을 위해 선택받았지만,
그 사명에 실패하고 자신도 구원을 필요로 하는 지경에 이르렀으니…

이이… 잃어버린 양이 된 거다. 그 말이죠?
오홍… 그러치유.
올ㅋ
그래서 예수님은 그들을 구원하고…
또 궁극적인 하나님의 전 인류 구원 계획을 이룰 분으로 오셨다는 거네요.
흥
흥
네, 그래서 아브라함과 다윗의 자손으로 오신 것이지유.
또… 계보를 먼저 제시한다는 것 자체가
유대인들에게는 제사장이나 왕족의 정통성을 증명하는 것이기도 허구유.
내가 이런 사람인데…
흠
족보
아브라함
다윗
헐…
근데 왜 하필 14대요?
그것은 해석이 분분헌디… 일단은 '다윗'이라는 이름의 히브리어 숫자값이 14예유.
4+6+4=14
다비드-다윗
예수님께서 진정한 이스라엘의 왕이자 메시아라는 걸 나타내려고 그렇게 배치한 것일 수 있겠지유.[12]

……
예수님은 온 세상의 구원자이신데… 왜 마태복음은 '이스라엘의 왕' 이라는 점을 강조하는지 모르겠네요.
아무리 유대인들을 대상으로 쓰인 복음서라고 해도…
실제로
예수님의 사역이 이스라엘을 회복하고 새롭게 하는 것 이었으니까유.
?
그래서 제자를 '열두 명' 선택하신 거잖아유.
흥
흥
그게 열두 제자랑은 또 무슨 상관이오?
주일학교 안 나오셨쥬?
이스라엘 열두 지파를 상징하는 거 아니유!
……

아까 봤던 에스겔 서에서, 37장으로 가보면 분열된 남유다와 북이스라엘,
즉 이스라엘 열두 지파가 다시 하나가 되어 회복될 것이란 내용이 나와유.[13]
북이스라엘
남유다
예수님은 열두 제자를 세우심으로써 그 회복을 이루시기 시작하셨다는 것을
상징적으로 나타내신 것이지유.[14]
딱!
이스라엘
흠…
그것 역시 하나님의 약속대로 이루신다는 '언약적 신실하심' 때문인가?
호로록
그러츄!
이제 이스라엘이 뭔지 좀 아시것어유?
아니유…
에이 참…
이스라엘은 그냥 혈통이나 민족이기 이전에,
하나님의 구원 계획과 약속에 맞물려 있는 '언약 백성'인 거지유~
DEAL!
언약 백성

이스라엘이라는 민족이 중요해서가 아니라, 하나님께서 하신 약속이 중요한 거유~
아…
그리고 예수님을 통해 이방인들도 하나님과의 언약관계 안에 들어오게 됐잖유?
예수그리계
아브
그렇기 때문에…
후룩
!
그들 역시 언약백성이 되는 거군!
오호! 제법인디유?
그렇게 이해하니 예수님께서 '이스라엘의 왕' 이시라는 말이 새롭게 들리는군요.
흥
흥
그래도 요건 몰랐을 걸유?
예수님의 족보 안에 이방인들도 있다는 사실…
계보
정말?
누군지는 잘 알 거예유~
아브라함
다말
라합
룻
다윗
우리야의 아내

당연히 알죠!
이름은…
허허허…
하…
지가
소개해
드릴게유~
먼저, 유다 백성의
계보가 끊어지는 것을
막기 위해 시아버지와
동침한 다말,
어디서
봤는데…
저, 다말
아니에요…
여리고 출신
기생으로
이스라엘의 정탐꾼을
도왔던 라합,
나를
잊지
마세요!
시어머니를
따라나선 모압
출신 여인 룻,
어머니를 따르지 말라 강권하지 마옵소서
어머니께서 가시는 곳에
나도 가고 어머니께서 머무
시는 곳에 나도 머물겠나이
다 어머니의 백성이
나의……
말 좀
그만하고
따라와…
졸
졸
그리고 마지막으로
다윗과 동침한 우리야의
아내 밧세바까지…
이들은 이방인이거나
비정상적인 상황에
처해 있는 여인들
이었지만,

예수그리스도의 계보
예수님의 계보에 이렇게 떡하니 올라와 있는 것을 보면
아브라함
다윗
바벨론 포로기
이 계보가 혈통적 증명을 위한 것만은 아니라는 사실을 알 수 있쥬?
오호 그렇군…
더 재미있는 사실은 예수님이 사역을 시작하신 곳이 갈릴리라는 점인디유.
갈릴리가 어때서?
마태복음 4장은 예수님이 갈릴리에서 사역을 시작하신다고 말하고 있는데,
거기 요상한 구절이 들어가 있어유.15
스불론 땅과 납달리 땅과 요단 강 저편 해변 길과 이방의 갈릴리여! 흑암에 앉은 백성이 큰 빛을 보았고 사망의 땅과 그늘에 앉은 자들에게 빛이 비치었도다 (마 4:15, 16).
이런 구절이 있었나…
예~ 어련하시겠어유~
끄덕
끄덕
이건 마태복음의 저자가 이사야서를 인용한 구절이에유~
이사야?
MATTHEW 4:15-16
ISAIAH 9:1-2

북이스라엘이 앗수르의 침략으로 멸망한 것을 떠올리게 하는 것이쥬…
ㅋ ㅋ ㅋ ㅋ
북이스라엘
주전 733년 갈릴리 근방의 스불론과 납달리 지파의 지역은
납달리
스불론
갈릴리
북이스라엘
남유다
당시 앗수르의 침략으로 가장 큰 피해를 입었거든유.16
그래서 그 지역은 '이방인들의 갈릴리'로 불리기도 했어유.
침략으로 인해 이방인들이 대거 유입되어서?
글츄~17
결국, 마태복음의 저자는 예수님께서 예루살렘도 아닌 '이방의 갈릴리'에서 자신의 사역을 시작하신 이 사건을
JERUSALEM
GALILEE
유대인과 이방인, 즉 온 열방을 향한 하나님의 구원 계획의 성취로 보고 있는 거구먼유~
!
이사야서를 더 살펴보면 이러한 예수님의 사명을 더 확실히
이해할 수 있는 구절들이 있어유.

그가 이르시되 네가 나의 종이 되어 야곱의 지파들을 일으키며 이스라엘 중에 보전된 자를 돌아오게 할 것은 매우 쉬운 일이라.
이스라엘을 구원할 종의 사명과…
내가 또 너를 이방의 빛으로 삼아 나의 구원을 베풀어서 땅끝까지 이르게 하리라.
열방을 구원할 종의 사명이 나타나쥬?[18]
와…
구약에 예수님의 사명이 정말 선명하게 기록되어 있네요.
그렇쥬?
흥 흥
그럼 인제 예수님께서 어떻게 구약을 이뤄가시는지 마태복음에서 더 알아볼까유?

주

1. 마 15:24.

2. 마 15:24.

3. 마 4:24-25.

4. 마 8:10.

5. 마 8:11.

6. 이필찬, 『이스라엘과 교회, 어떻게 이해할 것인가?』(새물결플러스), 259-263.

7. 이필찬, 같은 글.

8. 이필찬, 같은 글.

9. 이필찬, 같은 글.

10. 이필찬, 같은 글.

11. N. T. Wright, 『예수와 하나님의 승리』(크리스챤다이제스트 역간), 739.

12. R. T. France, 『마태복음』(틴데일 신약주석 시리즈, CLC 역간), 114.

13. 겔 37:15-22.

14. James D. G. Dunn, 『예수와 기독교의 기원(하)』(새물결플러스 역간), 51-52.

15. 마 4:15,16.

16. Craig S. Keener, 『IVP성경배경주석』(IVP 역간)의 기고문, 861.

17. Craig L. Blomberg, 『신약의 구약사용 주석(마태/마가복음)』(CLC 역간)의 기고문, 91.

18. 사 49:6.

chapter.6

약속의 성취

오, 잠깐!
?
구약의 예언 성취 목록이야말로 복음서를 변증할 대박 자료로구만…
……
크
크
MEMO
준비 됐습니다~
좋아유. 잘 들어봐유~
알겠슈~
먼저, 마태복음의 서두에서 구약을 인용한 부분들을 다섯 가지만 살펴볼께유.
천사가 요셉의 꿈에 나타나서 마리아가 잉태한 아이에 대해 주신 말씀.[1]
임마누엘
커어
예수님이 베들레헴에서 태어나신 것.[2]
띵
베들레헴

그렇지…
끄덕
또
끄덕
슥
슥
예수님의 가족들이 애굽으로 피신했다가 되돌아오신 것.[3]
애굽
이스라엘
헤롯의 지시로 베들레헴의 남자아이들이 살해된 사건.[4]
응애
응애
그리고 마지막으로 예수님 가족의 나사렛 정착까지…[5]
나사렛
오-케이…
그럼 이 부분들이 구약의 어떤 예언이 이뤄진 거요?
홍홍~ 먼저,
요셉의 꿈에 나타난 천사가 전한 말씀은 이사야 7:14인데유,
보라! 처녀가 잉태하여 아들을 낳을 것이요, 그의 이름은 임마누엘이라 하리라 (사 7:14).

이 예언은 일차적으로는 당시 아하스 왕에게 주신 말씀이에유.
아하스
다윗 가문에 한 아기가 태어날 것이고,
그 아기가 철이 들기 전에 수리아와 북왕국 이스라엘 땅이 황무지가 될 거란 예언이었쥬.
음…
예수님 가족이 애굽에 갔다온 부분에서는
쓱
쓱
호세아 11:1의 말씀이 이뤄졌다고 하는데유.
애굽으로부터 내 아들을 불렀다 (호 11:1).
이 호세아서 말씀은 예언이 아니라, 과거 출애굽 사건을 회상하는 말씀이구유.6
EXODUS
모세
으음…?
또 헤롯의 남아 살해 사건에선,
쓱
쓱
유다 백성이 바벨론 포로로 잡혀가는 것을 보고 이스라엘의 국모 라헬이 통곡하는 상징적 장면을 그린 예레미야 31:15이 인용되는데유…
라마에서 슬퍼하며 통곡하는 소리가 들리니 라헬이 그 자식 때문에 애곡하는 것이라(렘 31:15).
라헬

이것 역시 예언이 아니고, 메시아와도 상관없는 말씀이지유?[7]
잠깐…
마지막 으로
“선지자로 하신 말씀에 나사렛 사람이라 칭하리라” 는 것이 이뤄졌다고 하는 ‘선지자로 하신 말씀’ 같은 건…
탁!
구약에서 아예 찾아볼 수가 없지유![8]
으히히히~
부들
부들
이보쇼… 예언 성취 얘기하는 줄 알았더니…
부들
부들
그게 예언이 아니라는 안티크라이스트적 궤변을 지껄이려는 거요?!!
텡!
진짜 ‘메시아 예언’은 메시아가 베들레헴에서 나올 것이라는 미가 5:2 대로 이뤄진
예수님의 베들레헴 탄생 하나 정도 있겠네유.[9]
!

울컥
한 개 갖고는
안 돼…
누가 콩의
제자
아니랄까 봐…
또 무슨 이상한
이야기를 하려고!!!
방
방
방
!!
촤악-
!
어버버…
흥분하지 말고
끝까지 들어봐유.
다
식었쥬?
뚝
뚝
당시에 마태복음
저자가 '메시아 예언'의
성취를 보여주려고
그런 구절들을 집어
넣으려 했다면
구약에 이보다
훨씬 분명하고,
잘 알려진
예언들이
많았어유.10
닦어유
쳇
그럼 대체 왜
그런 모호한 구절들을
가져다 쓴 거요?
마태복음의
저자는

'예언의 성취' 보다는
MATTHEW
'약속의 성취'를 나타내려 한 거니까유.11
예언의 성취
약속의 성취
삑-
지금 저랑 말장난 합니까? 예언의 성취나 약속의 성취나 그 말이 그 말 아니요!
예언의 성취
약속의 성취
상당히 갑갑허네… 예언과 약속이 어떻게 같아유?
?
지가 스튜어트 씨한테 이번 주말에 '구워유' 빵집에서 나온 맛~있는
크로아상을 사주기로 '약속' 한 거랑,
구워유 BAKERY
주말에 꼭 살게유~
약속-
'구워유' 빵집에서 나온 맛있는 크로아상이 스튜어트 씨에게 생길 거라고
'예언'하는 거랑 같아유?
구워유 BAKERY
스튜어트 씨에게 맛난
크로아상이
생길~ 꺼여다!
?
뭐… 어쨌든 크로아상을 먹는 건 같지 않나?
……
쩝

하…
두 가지가
다르쥬.
첫째, 약속은 약속
당사자 간의 '관계'가 꼭
필요하지만,
예언은 '관계' 없이도
가능하단 거.[12]
관계
둘째, 약속은 약속을 받은
사람의 '반응'을 요구하지만,
예언은 굳이 '반응'이
없어도 된다는 거.[13]
반응
크로아상 사주겠다는
약속은, 댁이 빵집으로
와야 이뤄지는
거잖아유.
BAKERY
빵냄새
좋고~
모락
모락
하지만 크로아상이
댁의 손에 생길 거라는
예언은, 댁이 뭔가를
할 필요가 없지유.
흠…
그렇구만.
그러믄 이제,
아까 그 다섯
구절들을
다시 보자구유.
그 '약속'
이라는
관점에서유.
잠깐…
그러니까 결국
약속의 성취라는 게
하나님의 언약적
신실하심을
말하는 거요?
한 번 말씀하신 것은
반드시 이루신다 했던…

그렇쥬~
구약의 '약'자도
'맺을 약'자로,
약속이라는 의미를
가지고 있잖아유~
구約성경
쉽게 말하자면
구약 전체가
하나님의
약속이고,
예수님께서는
자신의 삶을 통해
그 약속을 이루어
가시는 거쥬~
약속
으흠…
자,
이 장면부터
보자구요.
예수님이
태어나신 뒤에
요셉이 천사로부터
이런 지시를
받잖아유.
띵~
헤롯이 아이를
죽이려 함. 이집트로
피해 있으삼…ㅠㅠ
-천사-[14]
!
그래서
예수님의 가족은
이집트에 가 있다가
헤롯이 죽고 나서야
돌아오지유~
헤롯사망
예수님
이집트
근데 마태복음 저자는
그게 호세아 11:1
말씀을 이루는 거라고
하지유?
이스라엘
예수님
이집트
애굽으로부터
내 아들을 불렀다 함을
이루려 하심이라
(마 2:15).

그 말씀은…
이스라엘의
출애굽을
돌아보는 말씀
이라면서요?
흥
흥
기억
잘하네유.
그럼…
이스라엘이
하나님의 아들이었단
말이오?
이스라엘?
애굽으로부터
내 아들을 불렀다 함을
이루려 하심이라(마 2:15).
뭘
그리
놀라유?
하나님께선 수도
없이 이스라엘을
'아들'이라고
부르셨는디.15
이스라엘은 내 장자라…
내 아들을 애굽에서
불러냈거늘…
나는 이스라엘의
아버지요…
엄…
하지만
하나님의 아들은
예수님인데?
글츄~
그게
이 말씀의
키뽀인트구만유.
?
키뽀인트?
이스라엘 백성은
약속의
백성이면서도,
'아들'로 불렸어유.
약속의 백성
아들

왜냐면 그들은 '상속자'이기도 했으니까유.
상속자?
하나님께서 약속하신 것들을 합법적으로 받기로 되어 있는
내가 약속한 모든 것들을 내 아들, 이스라엘에게 주노라~
하나님인
상속자 말여유~
근데 마태복음의 저자는
내가 약속한 모든 것들을
마태
슥
슥
그 '아들'의 칭호를
예수님께로 돌리고 있는 것이지유.
내가 약속한 모든 것들을 내 아들, 예수 이스라엘에게 주노라~
엄지척!
아하!! 이스라엘이 자신들의 죄악 때문에 이루지 못한 약속을 이제 예수님께서 이루어가시니까?
흥
흥
그러치유~!
흠… 여하간 마태복음 저자는 예수님과 이스라엘을 계속 대응시키는 거군요.[16]
맞아유. 그럼 쫌 더 생각해봐유.

흐
흐
헤롯
흐
아기를 죽이려는 왕,
그 왕의 남아 학살,
죽여라!
응애
응애
왕의 위협을 피해 달아남.
애굽!
헤롯의 무덤
그 왕의 죽음.
왕이 죽은 뒤에 돌아옴…
막 누군가가 떠오르지 않아유?
코
흐음…
… 모세… 는
!

아닌 것
같고…
쾅!
뭐가 또 아니에유!
모세 맞구만!!
아주
딱, 딱, 딱,
맞구만!
워-
워-
아기를 죽이려는
나아쁜 왕!17
헤롯
바로
왕의 남아 학살!
응애
죽여라!
죽여!18
응애
그 왕을 피해 도망가는
예수님과 모세!19
아기
예수
애굽!
광야
모세
그 왕의
죽음!20
헤롯의 무덤
바로의 관

왕이 죽은 뒤에
돌아옴![21]
모세
아기예수
애굽
이스라엘
따악 따악~
맞잖유~
오…
모세는 하나님의 약속대로
이스라엘 백성을 애굽에서
해방시킨 존재잖아유?
쏴아아아
그러니께 마태복음의
저자는 궁극적인 해방과
구원을 가져올 분으로
예수님을
바라보고 있는
거예유.
근데… 헤롯의
베들레헴 남아 살해에
대해선, 그 뭐시냐,
라마에서…
긁적

라헬이 통곡하는…
뭐 그런 말씀이 인용
되었던 거 같은데,
그것도 출애굽과 관련이
있는 거요?
그것은 무대를
좀 옮겨가야
해유.
애굽에서
EGYPT
바벨론으로.
휘리릭~
BABYLON
이스라엘이
포로로 끌려갔던
그 바벨론?
맞아유~
주전 587년에 바벨론의
느부갓네살 왕이 이스라엘을
정복하고 백성들을 죄다 포로로
끌고 갔어유.
다 잡아들여
느부갓네살
그리고 포로가 된
이스라엘 백성을 보며
애곡하는 라헬의
모습이 바로
예레미야
31:15의
장면이지유.
아이고오…
아이고…
라헬

근데 라헬이
거기 왜
등장하는 거죠?
라마에서 슬퍼하며
통곡하는 소리가 들리니
라헬이 그 자식
때문에 슬퍼하
일단 라헬이
애곡했다는 장소
'라마'는
이스라엘 백성이
바벨론으로
끌려갈 때 지났던
곳인데유.22
라마
예루살렘
베들레헴
TO BABYLON
사해
이곳은 라헬이
묻혔던 곳과도
아주 가까운
장소였어유.23
예루살렘
라마
라헬의 무덤
예레미야는
이스라엘의
국모인
라헬이
약속의 땅에서
추방되어 바벨론으로
끌려가는 자녀들의 모습을
보며 가슴이 찢겨 슬퍼하는
장면을 상징적으로 나타
내고 있는 거예유…
아이고오…
아이고…
그리고,
마태복음의
저자는 라헬의
이 애곡을
예수님께서
애굽으로 가신
후에 벌어진
헤롯의 남아
학살의 슬픔과
대응시키고
있는 거구유…
으앙
앙

아이를 잃은 여인의 슬픔 이라…
후…
왜 그래유?
흐음…
예수님께서 이 땅에 오신 것은 기쁜 일이잖아요.
그래서 크리스마스 때
기쁘다 구주오셨네~♫
…라는 찬양도 하구요.
그, 글츄…
그런데 기뻐하지는 못할망정 바벨론 포로니, 남아 살해니 하면서
초상집 분위기나 만드는 이런 우울한 본문을 굳이 왜 사용한 건지…
홍
홍
그건 스튜어트 씨가 뭘 모르고 하시는 말씀이에유~
?
지가 마태복음의 독자들은 구약에 대해서 잘 알고 있는 유대인들이라고 했쥬?

그 말인즉슨, 그들은 복음서에서 인용한 구절들의 문맥을 잘 알고 있다는 말이잖아유…
휘리릭
휘릭
그게 뭐 어쨌다고…
하…
한 문장만 보고 전부를 판단하는 댁 같은 고릴라랑은 수준이 다르다구유…
치…
그래서 구약의 문맥을 아는 지식이 필요한 거예유~
예레미야서를 더 보면, 라헬의 애통 이후에 이런 구절들이 나와유.
라헬이 그 자식 때문에 애곡하는 것이라. 그가 자식이 없어져서 위로..
받기를 거절 하는도다. 여호와께서 이와 같이 말씀하시니라. 네 울음소리와 눈물을 멈추어라. 네 일의 삯을 받을 것인즉 그들이 그 대적의 땅에서 돌아오리라…[24]
스튜어트 씨 말대로
바벨론에 포로로 끌려가는 장면은 아픈 역사예유…

하지만
그 슬픔 이후에
하나님께서 그들이
바벨론에서 돌아
오리라는 소망의
약속을 하시잖아유.
마태복음을 읽는
유대인 독자들은
라헬의 애통을
통해
슬픔만이
아니라
훌쩍
마태복음
구약의 하나님의
신실하신 소망의 약속도
함께 기억했을 거예유.
울다가
웃었네…
마태복음
그리고 실제로
바벨론에서 돌아온
자신들의 선조들을
떠올렸을 거구유.
그렇군…
비극이라기보다
소망의
역사로군요…
맞아유.
마태복음은
그 소망을
모형 삼아
예수님의 탄생을
진정한 출바벨론의
서막으로 기록하고
있는 거예유.

흠… 바벨론
포로에서
해방된 사건이나
애굽에서 해방된
모세의 때처럼…
예수님께선
당시 유대인들과
온 인류를
포로 상태에서
건져내시려고
오신 거로군요?
짝
그러치유!!
그런데…
내가 진짜
궁금한 건
이 말씀이란
말이오.
?
선지자로 하신 말씀에
나사렛 사람이라 칭하리라.
척
구약에 이런
말씀이 없다
그랬는데…25
그럼 마태가 뭐
헛것을 보고 이렇게
썼단 말이오?
없는 걸
어쩌라구유?
!!
먼
산…

안 돼에에!!
찾아내야 돼!!
얼씨구?
바로 이런 걸 사판 검사가 들이댈 텐데…
흐흐흐흐…
척
내가 그럼 판사 앞에서
마태가 헛것을 봤나 봅니다… 헤헤…
긁적
긁적
이래야 한단 말이오??
홍홍~
일단 마태는 다른 구약 인용 부분과는 달리
끄덕
끄덕
예언자 한 사람이 아니라 '예언자들'을 말하고 있어유.
선지자로 하신
τῶν προφητῶν
톤 프로페톤 • 예언자들
그니까 구약에서 특정 구절을 인용하려는 게 아니라[26]
예언자적인 어떤 기대를 나타내려는 것이지유.
무슨 예언자적 기대를?[27]

이사야 53장에
나오는 흠모할 만한
아름다운 게 없는
멸시받는 메시아에
대한 기대말예유.
끼이
끼이
나사렛
나사렛이 딱
그런, 천대받는
동네였잖아유.
나사렛에서 뭔
선한 게 날 수
있겠어?[28]
나다나엘
이사야 11:1
에도 비슷한
묘사가
나오는데유.
메시아가 잘려진
그루터기에서
돋아나는 싹과
가지로 그려져유.
잘린
그루터기에서
돋아난단 건, 당시
유대교에서도
비천한 출신을
가리키는 것으로
이해되었다고
하더라구유…[29]
아…그러니까
예수님이 나사렛 같은
천한 곳 출신이라는 게,
오히려 그런 예언자적
기대에 부합했단
말이구만?
쬐끔씩 이해력이
좋아지는 것
같구만유,
스튜어트
학생?
휙-
변호사
거든요?

어떤 학자들은 이것을 마태의 언어유희로 보기도 한다
MATTHEW
NAZARETH
Ναζωραῖος
이사야 11:1의 잘린 그루터기 뿌리에서 돋아나는 '가지'는 '네체르'로, 나사렛의 히브리어 '나츠랏'과 비슷하다.30
네체르
나츠랏
나사렛
특히 이 '가지'(네체르)는 랍비 문헌, 탈굼, 쿰란 문헌에서도 '메시아'를 가리키는 표현이다.31
메시아
랍비 문헌
탈굼
메시아
메시아
쿰란 문헌
그리고 사사기 13:7에서는 삼손이 '나실인'으로 나오는데, 이 역시 '나사렛 사람'과 언어적으로 연관이 있다고 보는 학자들도 있다.
삼손
히브리어
70인역
나실인
ναζιραιος
나지르 • 나지라이오스
나사렛 사람
Ναζωραῖος
나조라이오스
물론 예수님은 나실인이 아니셨지만, '거룩하게 구별된 자'라는 의미로 적용되었을 수 있다.
슥-
예수님
이 '나지르'라는 용어는, 요셉을 '구별된 자'로 지칭할 때도 반복해서 쓰였기 때문이다.32
슥-
요셉

아무튼 마태복음 저자는 이렇게 예수님의 삶을 통해서
구약 전체를 계속 재조명 해보고 있는 것이쥬.
그래서 구약에서 약속하신 그분이 이제 우리와 함께 하신다고,
구약
OLD TESTAMENT
철컥
'임마누엘'이신 분이 오셨다는 걸 보여주고 있는 것이에유.
하나님이 우리와
함께 계시다
구약
OLD TESTAMENT
끼이-
그리고 예수님께서 하셨던 이 말씀을 기억해보면…
이 성경이 곧 나에 대하여 증언하는 것이야.33
오호… 모호했던 개념들이 이제 좀 정리가 되는군…
킥킥
저는 이제 준비가 다 된 것 같은데…
?
콩을 만날 준비.

주

1. 마 1:18-25.

2. 마 2:1-12.

3. 마 2:13-15.

4. 마 2:16-18.

5. 마 2:19-23.

6. Christopher J. H. Wright, 『구약의 빛 아래서 그리스도를 아는 지식』(성서유니온선교회 역간), 79.

7. Christopher J. H. Wright, 같은 글.

8. Christopher J. H. Wright, 같은 글.

9. Christopher J. H. Wright, 같은 글.

10. Christopher J. H. Wright, 같은 글.

11. Christopher J. H. Wright, 같은 책, 86.

12. Christopher J. H. Wright, 같은 책, 87.

13. Christopher J. H. Wright, 같은 책, 90-93.

14. 마 2:13.

15. 출 4:22; 호 11:1; 렘 31:9.

16. Christopher J. H. Wright, 같은 책, 85.

17. Christopher J. H. Wright, 같은 글.

18. Christopher J. H. Wright, 같은 글.

19. Christopher J. H. Wright, 같은 글.

20. 출 4:19; 마 2:19, 20; Christopher J. H. Wright, 같은 글.

21. 출 4:20; 마 2:21; Christopher J. H. Wright, 같은 글.

22. 렘 40:1.

23. 삼상 10:2; 창 35:19, 20; Craig L. Blomberg, 『신약의 구약사용 주석(마태/마가복음)』(CLC 역간), 69.

24. 렘 31:16; Christopher J. H. Wright, 같은 책, 84.

25. 마 2:23.

26. R. T. France, 『마태복음』(틴데일 신약주석 시리즈, CLC 역간), 142, 143; Donald A. Hagner, 『WBC 마태복음(상)』(솔로몬 역간), 141.

27. R. T. France, 같은 글; Donald A. Hagner, 같은 글.

28. 요 1:46.

29. R. T. France, 같은 글.

30. Donald A. Hagner, 같은 책, 143.

31. Donald A. Hagner, 같은 글.

32. 창 49:26; 신 33:16.

33. 요 5:39; 눅 24:27 참조.

chapter.7

초기 교회의 지침서

홍홍홍홍홍-
?
안 그래도
스튜어트 씨는 이제
여길 떠나셔야 해유~
!
예쓰!
파이
널리!
호우-
호우-
좋은 시절
다~ 갔슈…
짧은 시간
이었지만 잘~
배우고 갑니다.
별말씀을유…

제가 어려서부터
이해력이
남달라요…
네…
빨리 가셔유.
도리
도리
후후…
그럼 이만.
스르르-
스르르-
아디오스…
콩
부디…
홍
홍
홍
살아서
스승님을
만나시길…
띵
헉!

QUIZ
마태복음에서 '에클레시아'라는 단어가 등장한 장소로 알맞는 것은?
① 예루살렘 ② 가이사랴
③ 가이사랴 빌립보
또…
QUIZ
루살렘
가이사랴
가이사랴 빌립보
하아…
에클레시아가 쓰인 장소까지 내가 왜 알아야 하지?
주님…
드르륵-
잘 찍을 능력을…
……
예루살렘

광
엄마야!
움찔
응?
?
설마
맞춘 건가?
문 한번 되게 크네
계십니까…
드르륵
계…

십니…
꺄…
슥-
슥-
오,
안녕하세요!
!
쩍!
이건 또 무슨
시츄에이션
이지…

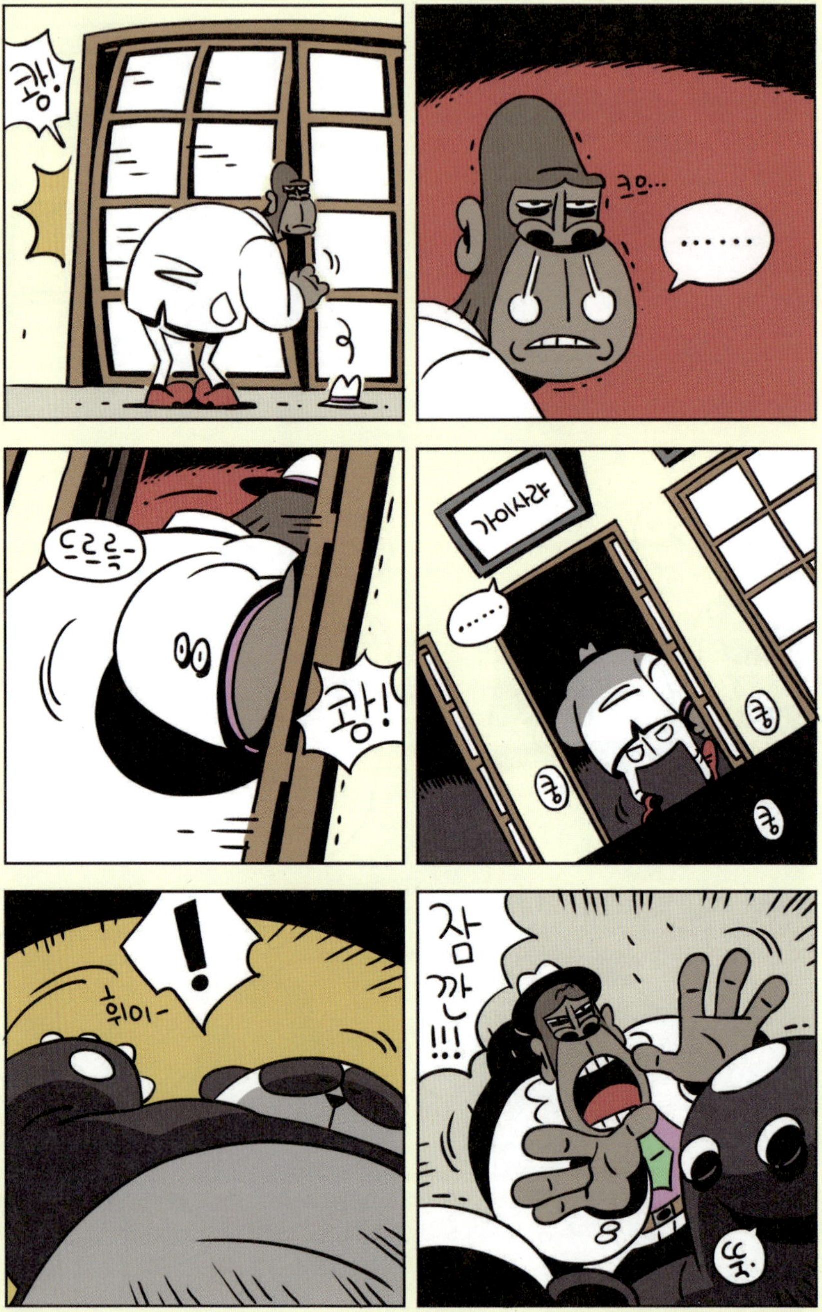
쾅!
크으...
....
드르륵-
쾅!
......
쿵
쿵
쿵
!
휘이-
잠깐!!!

이, 이…
이보쇼! 날 무슨
호구쯤으로 생각
하나 본데,
……
지금 밖에는
사판이라는 작자가
복음서를 고발하느니
어쩌느니 하는
판국인데, 응?!
출렁
출렁
출렁
온 힘을 다해 그거 하나
막아보겠다고 아등바등하는
이 변호사 싸대기나
날리고!
출렁
……
그런데 내가
지금 제일
열 받는 건…
또 콩이
아니라는 거야!!
또!
띠오옹-
띠옹

당신들한테는
콩이 스승일지
몰라도
나한테는
그냥 증인일 뿐
이라고!!
……
어엇?
쑤욱-
정답은 가이사랴
빌립보니까 나갔다가
다시 들어오시게.
예?
……
가이사랴
빌립보
드르륵-

드르륵-
KUNG FU
KUNG-FU
휘-
휘-
흥!
어디서 오라
가라야…
탁
탁
탁
슥-
?
뭐지… 이
촌스러움은?
제자훈련
이렇게 하라!
콩 지음

내가 그 책의 편집장이네. 다시 말해 누구보다 스승님의 가르침을 잘 이해하고 있다고 할 수 있지.
편집장이고 나발이고 책으로 퉁치려고?
이 몸은 한시라도 빨리 증거들을 수집해서 재판을 준비해야 한단 말이야.
그러니까 에클레시아가 쓰인 장소 따윈 집어치우고 콩이나 데려오쇼, 콩이나.
집어치워…?
크르르…
예수님께서 가이사랴 빌립보에서 제자들에게 "너희는 나를 누구라 하느냐"고 물으셨고,
베드로는 그곳에서 주님을 메시아로 시인 하였으며…
크르…
예수님이 반석 위에 내 교회를 세우시겠노라 말씀하셨던 그 장소가…
덜
덜

중요하지 않다니…
그리고 예수님께서 내 교회를 세우시겠다고 말씀하셨을 때의 에클레시아, 즉
음…
신약에서 교회로 쓰이는 이 단어는 복음서에서는 유일하게
마태복음
ἐκκλησία 에클레시아
마태복음에만 등장하는 것이라네.
뭣?
교회라는 말이 마태복음에만 나온다고…?
그렇다네.
그것 때문에 마태복음이 '교회의 복음서'라고 불리기도 하지.[1]
MATT
교회의 복음서
그리고 마태복음은 당시 초기 교회의 회심한 성도들이나
기존 성도들을 위한 지침서로 사용되기도 했지.[2]
!
!
!
마태복음

지침서라는 건
좀 생소한
개념인데…
이제 흥미가
생기는가?
좀
앉게나.
알다시피
마태복음은
다른 어떤 복음서보다
예수님의 가르침을
특별히 더 많이
담고 있지.
마태복음
예수님의 가르침
묶음들을 마태가
정리했을 테니,
당연히…
그렇지.
그 가르침들이
교회를 위한
일종의
지침으로 사용된
셈이라네.
마태복음
예를 들어

마태복음 7장에 예수님의 가르침을 무시한 무분별한 은사의 남용에 관한 권고나3
예수님의 이름으로…
18장에 교회 안에서 죄를 지은 자들을 어떻게 다루어야 할지에 대한4
권고 권고…
권고 권고 권고 권고…
죄
죄
실제적인 권고들이 그렇지.
윽!
뻥!
넌 잠깐 나가 있어!
죄
……
?
예수님의 가르침에 남의 싸대기는 때려도 좋다고 나옵디까?
아… 아까 문제 틀렸을 때?
그래요!
문제 좀 틀렸다고 싸대기는 너무 심한 거 아니요?

틀려서 때린 게 아니네.
뭣!
성서동물재단의 스파이들 때문이지.
스, 스파이?
스튜어트는 판다에게 성서동물원에서 벌어지고 있는 일들에 대한 뜻밖에 이야기를 듣게 되었다.
동물원에 있는 수천 마리에 달하는 동물들이 성서동물재단의 규모와 체제 유지를 위해 '착취'당하고 있는데,
성서동물재단
BIBLICAL ZOO
재단 측에서는 동물들 스스로가 그것을 '헌신'으로 느끼도록 그릇된 교육을 하고 있다는 것이었다.
헌신
헌신

이것을 보다 못한 콩은 성서동물원 박물관 지하에 동물들을 훈련하고 교육하는 강의실을 만들어 제자들을 몰래 모집해 나갔는데
박물관
콩의 지하 강의실
냄새를 맡은 재단 측에서 콩의 강의실로 스파이들을 보내어 불법 서적 배포와 불법 강의에 대한 증거를 수집하고 있다는 것이었다.
교재
내가 뺨을 때린 건 자네가 스파이인지 아닌지를 판별하기 위해서였네.
일반 동물들은 뺨을 때리면 화를 내지만
……
스파이들은 성서동물재단에 헌신하도록 훈련된 존재들이기 때문에 감정이 없지. 그래서 뺨을 맞아도 별다른 반응이 없다네.
짝
짝
콩이 그 정도 인물일 줄이야…
그리고 나는 마태복음의 본을 따라 콩의 성경 강의들을 교재로 만들어서
비밀리에 동물원으로 퍼뜨리는 일을 한다네.
전부 콩의 교재

그러니까 댁이
콩의 오른팔 정도
된다는 말이지요?
KUNG
!
벌떡!
이 한목숨 바쳐
스승님을 도울 수만
있다면…
찌잉-
예~예~
됐으니까
이제 본론으로
넘어가죠.
……

주

1. R. T. France, 『마태복음』(틴데일 신약주석 시리즈, CLC 역간), 29.

2. Donald A. Hagner, 『WBC 마태복음(상)』(솔로몬 역간), 55.

3. 마 7:21-23; Donald A. Hagner, 같은 책, 56.

4. 마 18:15-20; Donald A. Hagner, 『IVP성경배경주석』(IVP 역간)의 기고문, 389.

chapter.8

산상수훈

흠…
마태복음이 부분적으로 교회의 지침이 되었다는 건 알겠는데…
산상수훈 같은 예수님의 가르침들도 그러하단 말이오?
그렇다마다.
!
오른뺨을 치면 왼뺨을 돌려대라든가, 음욕을 품고 여자를 보는 자마다 이미 간음한 것이라는 가르침들이 가능하다고?
어머 별꼴이야…
첬냐…?
휙
휙
그런 말씀들은 성도들이 실제로 지킬 수 있는 가르침들이라기보다,
우리가 얼마나 예수님의 구원이 필요한 약한 존재들인지 깨닫게 해주는 상징적인 말씀들이지요.
그 말도 아주 틀린 말은 아니네만, 이 말씀들을 생각해 보게나.
그러므로 누구든지 나의 이 말을 듣고 행하는 자는 그 집을 반석 위에 지은 지혜로운 사람 같으리니[1]
휘잉
휘잉
휘잉
반석

나의 이 말을 듣고 행하지 아니하는 자는 그 집을 모래 위에 지은 어리석은 사람 같으리니[2]
휘잉
휘잉
끄아아아악!
모래
천지는 없어질지언정 내 말은 없어지지 아니하리라.[3]
……
BIBLE
어떤가? 느낌이 좀 오는가?
흐음… 글쎄요…
게다가 예수님의 산상수훈 장면의 서두를 봐도 예사롭지가 않다네.
산에 올라가 앉으시고, 입을 열어 가르치셨단 이 표현은…
당시 유대인 독자들에겐
예수님
심령이 가난한 자는…
율법을 수여받기 위해 시내 산으로 올라간 모세를 떠올리게 했을 것이네.[4]
모세

아니, 그럼 지금 예수님이 산상수훈으로 새로운 율법을 주고 있단 말입니까?
새로운 율법
예수님은 우릴 율법에서 벗어나게 해주신 분인데,
무슨 소립니까 대체?
아뵤오-
빠각!
율
법
새로운 율법을 주고 있으신 건 아니지, 다만…
다만?
자네는 예수님께서 율법을 버리셨다고 생각하는가?
당연한 거 아니요? 우린 은혜의 시대에 살고 있잖아요.
그럼 예수님께서 이렇게 말씀하신 건 어떻게 생각하는가?

내가 율법이나 선지자를
폐하러 온 줄로 생각하지 말라.
폐하러 온 것이 아니요
완전하게 하려 함이라.[5]
……
예수님이 하신 말씀 맞아요?
내가 율법이나 선지자를
진실로 너희에게 이르노니
천지가 없어지기 전에는
율법의 일점 일획도 결코
없어지지 아니하고 다 이루리라.[6]
그럼 이건 어떤가?
허억…
예수님께서는 자신의 가르침을 통해 율법을 완성하고 있으신 것이라네.
율법
율법
그러니까 율법의 문자 조항을 넘어서서,
하나님께서 율법에 담고자 하신 진정한 의미를 드러내신 것이지.
에헴
휙-
율법
율법
휙-
그러니 제자들에게나, 이 마태복음을 읽었던 초기 교회 성도들 에게나,
산상수훈은 아주 권위 있고 중요한 가르침으로 다가왔을 것이네.
……
자네에겐 어떤가?
……

유대인 독자들을 대상으로 쓰인 복음서니 뭐…
그 작자들한테야 율법을 완성하셨다는 말이 의미가 있었겠죠.
아, 그런가…
그럼 예수님의 이 마지막 명령도 유대인 독자들에게만 하신 명령인가?
내가 너희에게 분부한 모든 것들을 가르쳐 지키게 하라.[7]
좀 다시 정리해보면,
하나님께선 모세를 통해 열방의 빛이 될 이스라엘에게 토라를, 그러니까 율법의 가르침을 주셨지만
이스라엘은 그 가르침을 무시했기에 멸망했지.
하지만 하나님께선 시온 산에서부터 새로운 출애굽이 일어날 것과…[8]
시온 산
하나님의 종을 통해 온 열방에 그분의 가르침이 전해질 것을 이사야를 통해 예언하셨는데…[9]
섬들이 그 교훈(토라)을 앙망하리라.
율법(토라)이 시온에서부터 나올 것이요.

마태는 바로 그 토라, 즉 율법이 예수님의 십자가와 가르침을 통해 성취된 것으로 그리고 있는 것이네.
가르쳐 지키게…
모든 민족을 제자로 삼아 … 가르쳐 지키게 하라.
그렇다면 오늘날 교회는
새 이스라엘로서 예수님의 가르침을 어떻게 보아야 하겠나?
끄응…
허허 그렇게 부담스러워 하는 걸 보니, 자네야말로 율법적인 사고에 익숙해져 있나 보구만.
그럼 이제 마태복음에 나타난 '은혜'에 대해서 좀 살펴보지.
오호, 은혜!

자네는 은혜가 뭐라고 생각하나?
그야 당연히 좋은 거죠!
……
좀 더 구체적으로 이야기할 순 없겠나?
구체적으로… 그게…
차암~ 좋은 건데…
벅 벅
하 하
허허-
그렇다면 성경에서 한번 찾아보도록 하지.
마태복음에는 예수님의 가르침이 강조된 만큼이나
은혜도 강조되어 균형을 이룬다네.[10]
가르침
은혜

예를 들어 예수님께서
당시 멸시받았던 세리와
죄인들에게 은혜를
베푸신 장면이나11
오!- 영원한 친구
오!- 행복한 마음
들썩
들썩
세리
죄인
포도원 품꾼의
비유와 같이
늦게 온 사람도
일찍 온 사람과 똑같은
보수를 받는다는
말씀들을 보면,12
나보다 늦게 왔는데 돈은 똑같이 주네…
부들
부들
옛다
예수님의 은혜가
마치 선물 같이 값없이
주어진다는 것을
알 수 있지.13
흠…
잠깐만요.
그렇다면
예수님께서
산상수훈에서
지키라고 하신
가르침들과는
상반되는 거
아닙니까?
은혜는 값없이
받는
것이라지만,
산상수훈의 가르침은
실제로 지켜야 하는
것들이라면서요.
낑
낑
가르침
가르침
게다가 그 가르침들을
지키기란 여간 힘든 게
아니라구요…
허허허.
그렇기 때문에

은혜가 더더욱 필요한 게지.
그렇기 때문에 더…?
벅 벅
이해가 안 됩니다만…
우리가 스스로 그 가르침들을 지킬 수 없다는 것을 예수님께서 이미 알고 계셨기 때문에
직접 우리에게 기도를 가르쳐 주신 것이네.
직접 가르쳐 주신 기도 라면…
주기도문?
그렇지.
주기도문이 은혜랑 뭔 상관이 있다는 거요?

그것을 이해하기 위해서는
먼저 산상수훈의 구조를
파악할 필요가 있네.
마태복음에 등장하는
산상수훈은 크게
다섯 부분으로
나눌 수 있지.[14]
1. 팔복
2. 반어적 가르침
3. 종교 행위에 대한 가르침
4. 제 1 계명에 대한 설교
5. 결론적 권면
히브리적인
문장 구조에서
글의 중심에 있는
문장은
A
B
C
POINT!
B′
A′
그 글의 핵심
내용이라고
볼 수 있는데,
주기도문이 바로
이 산상수훈의
중심에 있다네.[15]
1. 팔복
2. 반어적 가르침
3. 종교 행위에 대한 가르침
주기도문
4. 제 1 계명에 대한 설교
5. 결론적 권면
그렇다면
주기도문이
산상수훈의
핵심이란 소리요?
매주 아무 생각
없이 외우던 그
주기도문이…?
그렇다네.
왜죠?
이걸
보게나.[16]
하늘에 계신 우리 아버지여!
이름이 거룩히 여김을
받으시오며 나라가 임하시오며
뜻이 하늘에서 이룬 것 같이
땅에서도 이루어지이다.
오늘 우리에게 일용할 양식을
주시옵고 우리가 우리에게
죄 지은 자를 사하여 준 것 같이
우리 죄를 사하여 주시옵고
우리를 시험에 들게 하지 마시옵고
다만 악에서 구하시옵소서.

그냥
주기도문
이잖아요…
그렇다면 주기도문을
두 부분으로 나눠
보면 어떨까?
?
긁적
긁적
첫 번째 부분
하늘에 계신 우리 아버지여!
이름이 거룩히 여김을
받으시오며 나라가 임하시오며
뜻이 하늘에서 이룬 것 같이
땅에서도 이루어지이다.
두 번째 부분
오늘 우리에게 일용할 양식을
주시옵고 우리가 우리에게
죄 지은 자를 사하여 준 것 같이
우리 죄를 사하여 주시옵고
우리를 시험에 들게 하지 마시옵고
다만 악에서 구하시옵소서.
자,
어떤가?[17]
나눠봤자,
주기도문은
주기도문일
뿐이죠…
……
자세히 보면,
첫 번째 부분은
'당신 청원'으로
하나님 나라에
관한 기도고,[18]
당신의 뜻이
당신의 이름이 거룩히
당신의 나라가 오소서
두 번째 부분은
'우리 청원'으로 우리
자신과 이웃에 관한
기도로 볼 수 있네.[19]
오늘 우리에게
일용할 양식을
빚을 제하여
준 것 같이
우리의 빚을
우리를 시험에 들게
하지 마시옵고
오…
그렇군.
결국, 예수님께서
산상수훈에서 강조
하시고자 하는
핵심을

하나님을 사랑하고
이웃을 사랑하는 것으로
요약할 수 있듯이
하나님
사랑
이웃
사랑
주기도문의
두 부분 역시 그렇게
볼 수 있지.
그리고
결론적으로
주기도문은[20]
주기도문
첫 번째 부분
두 번째 부분
하나님
사랑
이웃
사랑
마태복음의 이
말씀으로 연결
된다네.[21]
그런즉 너희는 먼저 그의 나라와
그의 의를 구하라. 그리하면
이 모든 것들을 너희에게 더하시리라.
우리는 연약해서
예수님의 의대로 살 수
없는 존재들이지만,
그럼에도
불구하고
우리가 예수님을
따르고 순종하는
축복을 받을 수
있도록[22]
그 의를 구하라고
주기도문을
주신 것이네.[23]
끄덕
끄덕
아…

바로 그렇기에 이 기도가 제자도의 기본인 게지.[24]
!
제자도? 나도 교회에서 제자훈련 받았수다.
허허~
그렇다면 제자가 된다는 것을 마태복음에서 뭐라고 말하는지 설명할 수 있겠나?
음… 하나님을 사랑하고… 또…
이, 이웃도 사랑하는 거…?
벅
벅
그것도 맞지만, 제자가 되는 것은 스승과 같이 되는 것이라네.
허
허
이 말씀들을 한번 보게나.[25]
제자가 그 선생보다, 또는 종이 그 상전보다 높지 못하나니 제자가 그 선생 같고 종이 그 상전 같으면 족하도다.
제자가 그 선생보다 높지 못하나 무릇 온전하게 된 자는 그 선생 같으리라.[26]

그리고 마태복음에서 자주 쓰인 단어들을 보면 마태복음이 제자도에 대해 강조하고 있는 것을 알 수 있다네.[27]
?
다른 공관 복음서와 비교했을 때 마태복음에 '제자'라는 단어인
'마데테스'가 더 자주 등장하기도 하고,[28]
제자 μαθητής
마태
마가
누가
71회
42회
37회
'제자를 삼다, 제자가 되다'라는 뜻을 가진 동사인
'마데튜오'는 오직 마태복음에만 나오기 때문이지.[29]
3회
마태
제자를 삼다
μαθητεύω
마데튜오
예수님의 지상명령을 담은 마지막 말씀에도 이 단어가 쓰였다네.[30]
μαθητεύω
그러므로 너희는 가서
모든 민족을 제자로 삼아
아버지와 아들과 성령의
이름으로 세례를 베풀고
이처럼 특정한 단어를 자주 사용하는 것은
그만큼 그 의미를 강조한다는 뜻이지.[31]
제자
제자를 삼다
제자가 되다
오…
그렇군요…

어떤가?
자네는 이 마태복음의 강조점 대로
예수님의 제자로 살아갈 준비가 되었나?
……
음… 말씀하신 대로… 제자가 되는 것도 은혜 안에서, 기도함으로 받을 수 있는 선물이라면…
저도 할 수 있을 것 같아요.
허허허~
그렇다면 자네는 이것으로…
콩 스승님께 갈 준비가 다 된 게야.

오!!
드디어!
허
허
잘- 배우고 갑니다.
안녕히 계십쇼!
휘
휘
휘
그쪽이 아니네.
저기.
?
KUNG FU
저 책장 앞으로 가 보게나.
또 무슨 이상한 거 시키려는 건 아니죠?
의심
의심

뭘 어떻게 하라는 건지…
자, 왔수다!
잘 가시게~
?
!?
쏙
끄아 아아 아아 아-
끼이

우당탕
번쩍
아고 아고…
QUIZ
!
QUIZ
돌 위에 돌 하나도 남지 않고 다 무너뜨려지리라고 하셨던 예수님의 예언은 언제 이루어졌을까?
① A.D. 70년 ② A.D. 100년
③ 아직 이루어지지 않은 예언
또 퀴즈냐…?
내 기필코 이번에는 맞추리라…
모든 문제의 답은 문제 안에 있다…
예언이 이루어진 시기라면…
QUIZ
돌 위에 돌 하나도 남지 않
무너뜨려지리라고 하셨
예언은 언제 이루어

예언은 언제 이루어
① A.D. 70년 ② A.D. 100년
아직 이루어지지 않은 예언
음…?
1번과 2번만
연도를…?
함정이군,
함정이야…
게다가 이 말씀은
종말을 의미하는 것
같은데…32
돌 위에 돌
하나도 남기지
않고…
우르르…
후, 후후후…
하지만
종말은 아직
오지 않았으니
꾹-
2번
3
정답은
3번이다!
꽥!
쏙-
우당탕
탕탕-
우아아
아아-
지잉-

저벅
저벅
그럼 이미 종말이 왔다는 거야, 뭐야…
될 대로 되라지…
2번
꾹
번
젠자 아앙!
슝-
쿵
우아으아 으아으아 앙-
……
펄럭

스르르-
삑-
......
홍홍홍-
여기까지 오시느라 수고…
빙글
으응?! 스튜어트 씨?

1. 마 7:24.

2. 마 7:26.

3. 마 24:35.

4. Donald A. Hagner, 『WBC 마태복음(상)』(솔로몬 역간), 206.

5. 마 5:17.

6. 마 5:18.

7. 마 28:20.

8. 사 4:5; 11:10-16.

9. 사 42:4에서는 "교훈", 사 2:3에서는 "율법"으로 번역되어 있으나, 원문에서는 동일하게 '토라'(torah)이다.

10. Donald A. Hagner, 『IVP성경배경주석』(IVP 역간)의 기고문, 386.

11. 마 9:10-13; 11:19; Donald A. Hagner, 같은 글.

12. 마 20:1-16; Donald A. Hagner, 같은 글.

13. Donald A. Hagner, 같은 글.

14. 김세윤, 『주기도문 강해』(두란노), 33.

15. 1) 마 5:3-16; 2) 마 5:17-48; 3) 마 6:1-18; 4) 마 6:19-7:11; 5) 마 7:12-27. 김세윤, 같은 글.

16. 마 6:9-13.

17. 임주형, 『율법과 선지자의 완성, 천국의 선물로서의 산상 설교』(2013), 30-32.

18. 김세윤, 같은 책, 42-44; 임주형, 같은 글.

19. 임주형, 같은 글.

20. 임주형, 같은 글.

21. 마 6:33; 임주형, 같은 책, 40.

22. 임주형, 같은 책, 43, 44.

23. 임주형, 같은 글.

24. 김세윤, 같은 책, 33.

25. M. J. Wilkins, 『예수 복음서 사전』(요단출판사 역간)의 기고문, 1077.

26. 마 10:24, 25; 눅 6:40; M. J. Wilkins, 같은 글.

27. Donald A. Hagner, 『IVP성경배경주석』(IVP 역간)의 기고문, 388, 389.

28. Donald A. Hagner, 같은 글.

29. Donald A. Hagner, 같은 글.

30. Donald A. Hagner, 같은 글.

31. Donald A. Hagner, 같은 글.

32. 마 24:2.

chapter.9

마태복음의 종말론

스튜어트 씨가
여길 어떻게…
그동안
여기서 계속
테스트를
받고 계셨던
겁니까?
그렇소.
아, 아니 지금
그게 문제가
아니지…
그럼
그 소식도
못 들으셨
겠네요…
슥-
뭔…소식?
사판 검사가…
그 작자가
왜요!
쾅!
복음서를 불기소
처분했거든요.

뭐라고…?
이것 좀
보시죠.
슥
NEWS
이게
뭔
소리야…
사판 복음서 불기소
……
흐, 흐…
흐흐흐흫흥
퐈하하하
하하 하!
아무래도
사판, 이 녀석
내게
겁을 먹은 게
틀림없구먼!
……
침좀…

오~
진짜 그럴지도
모르겠는데요?
그나저나
스튜어트 씨는
증거수집 때문에
여기 오셨을 텐데
…
뽀득
뽀득
더 이상 여기
계실 필요가
없겠군요.
뽀득
뽀득
아이, 참,
스타일만
구겨지고…
괜히 헛걸음만
했네요.
슥
슥
이제 볼일 다
본 것 같으니
안녕히 계슈~
……
빅-
?
화면에 나오는
이분은 그저 탐욕
스럽게 지식만을
구하다가…
헉
헉
헉
이곳 지하
어딘가에서
미아가
되셨지요.
!

끄아아악! 나 돌아갈래!
으윽…
단지 증거수집 때문에 오신 게 확실하죠?
아니 그게…
!!
그럴 리가요!
?
척!
끼이이익
코, 콩 스승님께…
예수님의 말씀을 배우러 온 것이지요.
흐음…

끄ㅇㅇ..
덜
덜
덜
덜
덜
이렇게 다시 만나네요.
혹시 사판 검사가 재판을 포기해서 내심 안심하진 않았나요?
ㅋㅋ
내, 내가 왜 안심을 합니까?
벅
벅
그, 그런 이상한 소리 말고,
퀴즈 문제나 좀 제대로 내쇼!
?
... 돌 하나도 돌 위에 남지 않고 다 무너뜨려 지리라.
이 말씀은 마태복음 24장에 나오는 내용 아니오?¹

아니,
어떻게 알았어요?
스튜어트 씨
답지 않게…
어허…
고릴라를
뭐로 보고.
마태복음 24장은
다 종말에 관한
내용이라고!
오죽하면
소계시록이라
불리겠소?
오…
24장에 의하면
기근과 지진과
전쟁이 일어나고,
또 그 멸망 중에
가증한 것이
세워진다고
나오잖소!
그러니까…
휘-
휘-
크아앙-
세계 정부를
수립할
적그리스도가
예루살렘
제3성전에
딱
들어서는 날!
제3성전
WORLD GOVT.
크르르…
그 뒤엔
대환란이
오는 것이오!
물론 그 전에
믿는 자들은
다 휴거되지만.
쾅!
콰광

콩 씨는 이런 거
잘 모릅니까?
이런 게 도대체
어떻게 주후 70년에
이미 이루어진
일이냐고요?
와…
그, 그런…
이야기들은 다 어디서
들으신 거예요?
헙
그…
유튜브…
에서…
주워들은 이야기들이
워낙 자극적이고
흥미진진해서 뇌리에서
잊히기 쉽지
않으시겠지만…
끄응
마태복음 24장은
그런 이야기가
아닙니다.
척
그런.. 말이
아니라고…?

일단 마태복음 24장은 이렇게 두 부분으로 나눌 수 있어요.[2]
예루살렘의 멸망
재림 때의 심판
왜 굳이 두 부분으로…?
일단…
여기가 주후 30년경 이스라엘이라고 상상해보자구요.
A.D. 30
예수님과 제자들이 예루살렘 성에서 감람 산으로 올라가시는 길에 마침 성이 보이네요.
그때 딱 스튜어트 씨 같은 제자 한 명이 이렇게 말하죠.
캬~ 선생님
?
저 건물들 좀 보십쇼… 삐까번쩍 합죠?
삐까
번쩍
아… 저 건물들 말이냐?

어차피 돌 위에
돌 하나도 남지 않고
무너질 텐데…
!
예수님의 말씀에
마음이 영 불편
했던
그 제자는
……
감람 산에 오르자마자
예수님께 허겁지겁
달려가서는…
스승님!
스승님!
?
쿵
쿵
쿵
예루살렘이 멸망할
거란 말씀인가요?
도, 도대체
그게 언젭니까?
그리고
세상 끝날에
어떤 징조가
있겠습니까…?
바로 이 질문에 대한
답이, 마태복음
24장인 겁니다.

거 이상하네…
그럼, 제자들이 예루살렘이 언제 무너질지를 물으면서
벅 벅
세상 끝날의 징조도 뜬금없이 같이 물었단 거요?
그럼요.
이상하지 않냐고요!
제가 누누이 강조했던, 당시 역사, 문화, 배경을 알면 하나도 안 이상해요.
유대인 제자들에게 예루살렘 성전은 온 세상의 중심이었어요.
영국
유럽
아시아
예루살렘
아프리카
아메리카
그곳은 하늘과 땅이 만나는 곳,
하나님께서 자기 백성을 통해 세상을 다스리시는 곳이었죠.

유대인 제자들에게 그곳이 무너진다는 건, 당연히 세상 끝날이라고 생각되었던 거예요.[3]
우르르…
그래서 예수님께선 제자들에게 예루살렘 멸망이 곧 세상의 종말은 아니라는 걸 일단 인식시켜주셔야 했어요.[4]
흠…
그 때문에 24장에서 예수님께선
예루살렘 멸망에 대한 부분과,
재림 때의 심판에 대한 부분을 구분해서 말씀하신 겁니다.
……
예루살렘의 멸망
재림 때의 심판
암만 그래도, 24장 앞부분에 나오는 거짓 예언자, 전쟁, 기근과 지진…
뭐 이런 것들이 당시에 나타난 일은 아니잖소?

당시에 나타난 일입니다.
??
에에이… 설마…
당시에 나타났다는 증거라도 있소?
휙
휙
후후…
너무 많아서 다 이야기하기도 힘들 정도죠.
슥
!
먼저 거짓 예언자들의 출현은 사도행전만 봐도 알 수 있는데요.
꿀렁
사도행전
거짓 선지자
꿀렁
마술사 '시몬'과
백성들을 꾀어 따르게 한 '드다'5
나는 하나님의 말씀이다! 위로자다! 전능자다!
시몬
어서와- 거짓 선지자는 처음이지?
드다

그리고
바울과 한바탕
붙은 '바예수'와[6]
씩-
VS
씩-
바울
바예수
씩-
무명의 이집트인이
대표적인 거짓 예언자
들이죠.[7]
예루살렘 성벽이
무너지는 날
나와 내 제자들이
예루살렘에 입성하리라
어…
그리고
로마의 유명한 역사가인
타키투스는 자신의 저서
『타키투스의 연대기』에서[8]
타키투스
THE ANNALS
TACITUS
주후 70년 이전까지
발생한 전쟁과 소문에
대하여 자세히 기록했죠.[9]
~A.D.70
브리튼 전쟁
아르메니아 전쟁
게르마니아 소동
골족의 반란
파르티아인들의 모반
아프리카 폭동
트라케 폭동
10

어…?
그뿐 아니라
사도행전에서 예언자 아가보는
주후 44년 클라우디우스 때 유대 땅에 큰 기근이 들 것을 예언했는데,11
끙…
왜 하필 내가 통치할 때…
클라우디우스
요세푸스는 이 기근 때문에 수많은 사람이 먹을 것이 없어 굶어 죽었다고 기록하고 있어요.12
the ANTIQUITIES of the JEWS
FLAVIUS JOSEPHUS
또 그는 주후 40년 바빌로니아 지방에 퍼졌던 전염병을 언급했고
바빌로니아
이탈리아
타키투스는 주후 66년 이탈리아에 퍼졌던 전염병을 언급했으며13
그리고 또…
잠깐!
증거는 그 정도면 충분합니다만…
제가 정말 궁금한 건…
?

이 말씀도
예루살렘의 멸망과
직접적인 관련이
있냐, 이겁니다.14
멸망의 가증한
것이 거룩한 곳에
선 것을 보거든
물론이죠.
멸망의 가증한
것이 선다는 말씀은
예언자 다니엘의
예언이었어요.
… 매일 드리는 제사를
폐하며 멸망하게
하는 가증한 것을
세울 것이며
당시
유대인들은
예수님께서
이 예언을
인용하실 때15
단번에 시리아의 왕
안티오쿠스 에피파네스가
성전을 유린했던 충격적인
사건을 떠올렸을 겁니다.
안티오쿠스 에피파네스
안티오쿠스
에피파네스…?
그가 뭔 짓을
했길래…?
그는 주전 168년경,
예루살렘으로 들어와
유대인들을 도살하고
돼지로
제사를 드린 것도
모자라16
꾸웨
꾸웨에!

성전 안의 번제단 위에 제우스 상을 세웠죠.17
허얼…
멸망의 가증한 놈이 맞네, 맞아…
그래서 유대인들은 예수님의 이 말씀을 들으며
머지않아 성전 유린과 같은 일이 다시 벌어질 것이라는 암시를 받았을 거예요.
B.C. 168년
그리고 예루살렘은 주후 70년 로마 군대에 의해 결국 멸망하게 됩니다.
콰광
광
!!
A.D. 70년
누가는 이 사건을 마태와는 달리 더 정확하게 묘사하고 있어요.18
너희가 예루살렘이 군대에 에워싸이는 것을 보거든 그 멸망이 가까운 줄을 알라. 그때에 유대에 있는 자들은 산으로 도망갈 것이며
응?
누가는 왜 멸망의 가증한 것이라는 말을 사용하지 않은 거죠?

그건 누가복음의 독자가 구약의 문맥에 익숙지 않은 이방인들 이었기 때문이에요.
그래서 멸망의 가증한 것과 같은 묵시적인 언어를 사용하지 않고
"군대에게 에워싸인다"라고 쉽게 설명한 겁니다.
그럼 그 로마 군대가 바로 멸망의 가증한 것이란 말이오?
척
음… 당시 유대인들 눈에는 충분히 그렇게 보일 수 있었겠죠.
?
예루살렘을 함락시킨 로마 군대가 성전에 들어와
군기를 세워놓고 그 앞에 제사를 드렸거든요[19]
펄럭
펄럭
헉… 그럴만 했네요…
그렇죠?
그리고 예수님은 이 모든 일이

'이 세대'가 지나가기 전에 다 일어날 것이라고 말씀하셨어요.20
내가 진실로 너희에게 이르노니 이 세대가 지나가기 전에 이 일이 다 일어나리라.
이 세대 라면…?
예수님의 말씀을 직접 들은 제자들의 세대죠.
그리고 이 말씀은
제자들의 첫 번째 질문에 대한 예수님의 답변이기도 해요.21
그룹채팅
제자 1
어느 때에 이런 일이 있겠습니까요…?
까톡
SON OF GOD
니네 세대가 지나가기 전에는 다 일어날듯…
헐…
이 말씀을 들은 제자들은 완전 멘붕이었겠는데?
이게 전부 자기 세대에 벌어질 일이라니…!
맞아요.
당시 유대인들은 마태복음 24:4부터 이어지는 예수님의 충격적인 말씀들로 인해

임박한 성전의 멸망과 종말에 대한 두려움이 점점 고조되어갔을 거예요.
유대지방의 기근이 날로
유대신문
로마군이 심상치 않다!
하지만 예수님은 36절부터 이런 말씀을 하시는데요…22
그러나, 그날과 그때는 아무도 모르나니 하늘의 천사들도, 아들도 모르고 오직 아버지만 아시느니라.
응?
그날과 그때는 아무도 모르나니 하늘의 천사들도, 아들도 모르고 오직 아버지만 아시느니라.
그날과 그때?
여기서 말하는 '그날과 그때'는
천사도, 아들도 모르는 오직 아버지만 아시는 '재림의 때'를 말하며
동시에 제자들이 물었던 두 번째 질문에 대한 예수님의 답변 이기도 하죠.23
그룹채팅
제자1
헐...ㅠㅠ 그렇다면 주의 임하심과 세상 끝에는 어떤 징조가 있겠습니까?
까똑
SON OF GOD
그날과 그때는 나도 모름...;;

그리고 36절 첫 부분에 "그러나" 라는 단어를 사용 함으로써[24]
36절
그러나,
그날과 그 때는 아무도 모르나니 하늘의 천사들도, 아들도 모르고 오직 아버지만 아시느니라.
마태복음 24장의 주제가 '예루살렘의 멸망'에서
재림 때의 심판
예루살렘 멸망
'재림 때의 심판'으로 전환되고 있음을 명확히 알 수 있어요.[25]
또 전반부에는 거의 등장하지 않았던 '주의 임하심'이라는 단어가
파루시아
παρουσία
주의 임하심, 재림
37절과 39절에 의미심장하게 등장하고 있구요.[26]
호…
정말 분위기가 확 바뀌는군요…
그렇죠?
어…?
잠깐만…
왜요?
만약에 마태복음 24장의 대환난이 진짜로 이미 일어난 일이라면…

!
벌떡!
이거 완전 개이득 아니요?
개… 뭐요?
엄청 좋은 거 아니냐고요!
이제 세계정부나 전쟁 같은 무서운 이야기들은 다 집어치우고
편안~하게 예수님의 재림만 기다리고 있으면 된다는 소리 아닙니까?
아아아…
캬캬캬!
이런 하나만 알고 둘은 모르는 고릴라 같으니!
벌떡
뭐요…?
하아…
37절에 예수님의 재림이 어떠하다고 나오는지 좀 보시라구요…
도리 도리

노아의 때와 같이
인자의 임함도
그러하리라.27
39절은 또 어떻구요.
노아의 때와 같이…?
홍수가 나서 그들을 다
멸하기까지 깨닫지
못하였으니 인자의
임함도 그러하리라.28
호, 홍수가 나서…
다 며, 멸하기 까지…??
그래요… 그러니 오히려 편하게 기다릴 수가 없는 거죠.
그러므로 깨어 있으라.
어느 날에 너희 주가
임할지는 너희가 알지
못하리라.29
꿀꺽…
생각보다 많은 그리스도인이 세계정부와 적그리스도, 그들에 의한 대환난…
뭐 이런 것들을 종말의 징조라고 여겨요.
예수님의 재림을 사모하는 마음이
종말의 징조를 염탐하는 마음으로 뒤틀린 결과죠.
끄응..

하지만
이미 보셨듯이
감람 산 강화에서
말하는 환난은
미래적인 예언이
아닌
2016
2015
2014
주후 70년에
이미 일어난
사건이란 말이죠.
71
70
69
근데 주후 70년이
그렇게 엄청난
환난이었습니까?
마태복음엔
'창세로부터 없었던'
환난이라고
나오는데…30
흠…
당시 로마군에 포위된
채로 몇 년간 버티던
예루살렘 성안은…
지옥도가
따로 없었죠…
대체
어땠길래…?
꿀꺽…
로마 군대가
예루살렘으로
진격할 무렵
예루살렘 성은
이미 피난민들로
들어차기 시작했어요.31
피난민
피난민
피난민
예루살렘 성

그리고 열심당원과 범죄자 무리도 성안으로 몰려들었죠.32
범죄자
열심당
피
피
피
피난민
헐… 성 밖에는 로마 군대, 안에는 범죄자들…?
그야말로 무법 지대였죠.
실례로 광신적인 열심당원과 범죄자들은 자신들의 말을 듣지 않는다는 이유로33
만이천 명의 무고한 주민들을 잔혹하게 살해했어요…34
촤악!
끄악!
마, 만이천 명…? 그것도 동족을…?
요세푸스는 당시의 예루살렘을 이렇게 묘사하고 있어요.
"야만성과 사악함에 있어서는 같은 민족이 로마인과 다를 바가 없었다. 아니 오히려 동족에 의해서보다는 로마인에 의해 멸망당하는 것이 훨씬 견딜 만하게 여겨졌다."
『유대 전쟁사』35
요세푸스

헐…
그리고 성 밖의 로마군은
성 주변에 벽을 쌓아 탈출로를 봉쇄하고…
성안의 유대인들이 보면서 공포를 느끼게, 하루에 500명 이상을 십자가에 매달았는데,
이것은 예수님의 예언의 성취 이기도 합니다.[36]
날이 이를지라. 네 원수들이 토둔을 쌓고 너를 둘러 사면으로 가두고…
이렇게 완전히 포위된 예루살렘 성안은[37]
기근으로 인해 시체들이 쌓여가기 시작했고…
자기 자식의 인육을 먹는 비참한 상황으로까지 치닫게 되었죠…[38]
후…
아아… 정말 막장이네요…
말 그대로 대환난이었군요…

맞아요…, 그렇기 때문에 정말 성경은 역사적·문화적 정황을 이해하고 읽어야 하는 거예요.
끄덕
끄덕
그렇지 않은 상태에서의 자극적인 정보와 음모론들은
WAR
예수님께서 실제로 명하신 것들에 대한 초점을 흐리게만 할 뿐이죠…
?
WAR
그렇군요…
흠… 그렇다면 앞으로 다가올 예수님의 재림은 어떻게 준비해야 하는 겁니까?
적어도 노아의 홍수 같은 비극적인 상황은 피하고 싶다구요…

1. 마 24:2.

2. 예루살렘의 멸망 24:1-35; 재림 때의 심판 24:36-51.

3. R. T. France, 『마태복음』(틴데일 신약주석 시리즈, CLC 역간), 532, 533.

4. R. T. France, 같은 글.

5. 행 5:36; 8:9,10; William R. Kimball, 『성경이 말하는 대환난의 진실』(새물결플러스 역간), 31; Flavius Josephus, 『유대 고대사』, 20.97.

6. 행 13:6; William R. Kimball, 같은 글.

7. 행 21:38; Flavius Josephus, 같은 책, 20.169-170.

8. William R. Kimball, 같은 책, 34.

9. William R. Kimball, 같은 글.

10. William R. Kimball, 같은 글.

11. 행 11:28; William R. Kimball, 같은 책, 38.

12. William R. Kimball, 같은 글.

13. William R. Kimball, 같은 글.

14. 마 24:15.

15. 단 11:31.

16. William R. Kimball, 같은 책, 65, 66.

17. William R. Kimball, 같은 글.

18. 눅 21:20, 21.

19. William R. Kimball, 같은 글.

20. 마 24:34.

21. R. T. France, 같은 책, 545.

22. 마 24:36.

23. R. T. France, 같은 책, 546.

24. William R. Kimball, 같은 책, 214.

25. William R. Kimball, 같은 글.

26. R. T. France, 같은 책, 547.

27. 마 24:37.

28. 마 24:39.

29. 마 24:42.

30. 마 24:21.

31. William R. Kimball, 같은 책, 100, 101.

32. William R. Kimball, 같은 글.

33. William R. Kimball, 같은 글.

34. William R. Kimball, 같은 글; Flavius Josephus, 『유대 전쟁사』, 4권, 5:4.

35. Flavius Josephus, 『유대 전쟁사』, 5권, 10:5.

36. William R. Kimball, 같은 책, 106; Flavius Josephus, 같은 책, 11:1.

37. 눅 19:43.

38. William R. Kimball, 같은 책, 107, 108; Flavius Josephus, 『유대 전쟁사』, 6권, 1:1, 3:4.

chapter.10

지혜로운 자들

그건 예수님께서 자신의 다시 오심과 관련해서 요구하신 걸 보면 되죠.
뭘 요구하셨죠…?
먼저
때를 따라서 양식을 나누는 '충성되고 지혜로운 종'과 같이 되어야 하며1
기름을 준비하여 혼인잔치에 들어간 '지혜로운 다섯 처녀'와 같이 되어야 한다고 하셨죠.2
예식장
그 이전에도 순결할 뿐 아니라 뱀과 같은 지혜를 가져야 한다고 하신 것처럼…3
예수님께선 자신을 따르고, 기다리는 자들에게 '지혜'가 꼭 필요함을 가르치셨어요.
지혜라…
결국, 반석 위에 집을 지은 그 '지혜로운 자들'이 되어야 한단 거죠?4
그러므로 누구든지 나의 이 말을 듣고 행하는 자는 그 집을 반석 위에 지은 지혜로운 사람 같으리니

오오오?
그 말씀을
어떻게?
그… 거대한
판다 선생이
가르쳐주셨소만…
에헴
오올… 맞아요.
지혜는 결국
예수님의 가르침
대로 살고자 하는
마음에서부터
출발하는 거죠.
오…
그렇군요…
끄덕
끄덕
그러니까
마태복음이 말하는
재림의 준비는
특별한 것이
아니라,
예수님의 가르침과
명령대로 사는 삶…
바로 그겁니다.
아…
자,
마태복음에 대한
제 강의는 이제
다 끝났습니다.
……

스르릉-
쿵!
?
으음?
긁적
끼-
읏쌰-
탁
……
총총총
뭐…
하세요?
사실 강의
시작할 때마다…
무릎 꿇는 척만
했는데…
!

아니… 구라를 쳤단 말입니까!!
사실 콩 선생님을 좀 같잖게 봤었고… 재판에서 승리하기 위한 목적이 컸습니다…
하지만…
콩 선생님 덕분에 제 신앙이 얼마나 모래 위에 쌓은 집과 같았는지 제대로 돌아보게 됐습니다.
……
진정 제 선생님으로 인정하지 않을 수가 없네요.
휙
감사합니다.
웃기지 마세요.
에엑??

우리의
스승은…
?
오직
예수님 한 분
뿐입니다!!!
척-
CAFE
그 전까지 일요일 설교 시간에만
성경을 들여다보던 스튜어트는
이제 틈나는 대로 성경을 펼쳐보는 일이
매우 잦아졌다.

예수님께서는 마지막 지상 명령으로,
자신이 말씀하신 모든 것을 가르치고 지키라고 하셨다…5
그렇게 예수님께선 말씀으로…
세상 끝날까지, 종말까지, 우리와 함께 거하시는 거구나…
말씀으로 임마누엘이 되시는 거구나…
그런데도 나는 말씀대로 살기는 커녕, 복음서조차 제대로 읽지를 못했네…
이젠,
달라져야지.

주

1. 마 24:45.

2. 마 25:1-10.

3. 마 10:16.

4. 마 7:24.

5. 마 28:20.

마태복음 뒷조사

1쇄 발행 2016년 8월 12일
9쇄 발행 2025년 4월 3일

지은이 김영화
펴낸이 김요한
펴낸곳 새물결플러스

편 집 왕희광 정인철 노재현 이형일 나유영 노동래
디자인 황진주 김은경
마케팅 박성민
총 무 김명화 이성순
영 상 최정호
아카데미 차상희

홈페이지 www.holywaveplus.com
이메일 hwpbooks@hwpbooks.com
출판등록 2008년 8월 21일 제2008-24호
주 소 우) 04118 서울시 마포구 신촌로28가길 29
전 화 02) 2652-3161
팩 스 02) 2652-3191

ISBN 979-11-86409-70-1 03230

책값은 뒤표지에 있습니다.